シリーズ「遺跡を学ぶ」

005

世界をリードした磁器窯

肥前窯

大橋康二

新泉社

世界をリードした磁器窯
―肥前窯―

大橋康二

【目次】

〈口絵〉 名品で知る肥前陶磁の歴史

① ● **鉄絵萩文壺（絵唐津）** てつえはぎもんつぼ（えがらつ）
1590～1610年代
口径12.0cm　高さ14.5cm
佐賀県立九州陶磁文化館

鉄顔料を用い筆で絵文様を描く。この鉄絵装飾は、中世までの日本の高い温度で焼く陶器にはなかった。肥前陶器や美濃の志野焼などがそれをはじめた。しかし、大量生産の肥前陶器は新しい国産陶器として瞬く間に全国に流通することになった。

② ● **土灰釉耳付三足付水指　銘［柴の庵］**
どばいゆうみみつきみつあしつきみずさし
めい［しばのあん］　1590～1610年代
口径11.1cm　高さ17.8cm
佐賀県立九州陶磁文化館

朝鮮から伝わった肥前陶器の技術には、「轆轤（ろくろ）成形」とともに、「叩き成形」があった。両者は陶工の技術系譜が異なり、それぞれの技術集団が肥前に渡来したと考えられる。桃山、江戸初期には茶の湯が流行り、朝鮮にはなかった叩き成形による水指が少なからず作られた。

③ • **象嵌双鶴文瓶（三島手）**
ぞうがんそうかくもんびん（みしまで）
17世紀前半
口径6.2cm　高さ36.0cm
佐賀県立九州陶磁文化館

朝鮮からの技術伝播の波は2度あったと考えられ、慶長の役後に連れ帰られた朝鮮人陶工によって陶器の技術にも大きな変化があった。鉄絵が消える代わりに、1600年代頃から新たにあらわれる装飾の一つが、白土などを象嵌する方法であり、三島手と呼ぶ。

④ • **型紙刷毛目唐花唐草文大皿（二彩手）**
かたがみはけめからはなからくさもんおおざら(にさいで)
1610～40年代　佐賀県重要文化財
口径45.6cm　高さ14.7cm
佐賀県立九州陶磁文化館

江戸初期に鉄絵に代わって新たにあらわれる技術の一つに白化粧土を用い刷毛塗りした「刷毛目」や、鉄顔料の褐色だけでなく銅顔料の緑色を用いて文様をあらわす方法がはじまる。中世までの国産陶器には口径 40cm を超える大皿はなかった。肥前陶器などが慶長頃からこうした大皿を作り出した。

⑤ ● **染付唐獅子文大皿**

そめつけからじしもんおおざら

1630～1640年代

口径45.7cm　高さ13.3cm

佐賀県立九州陶磁文化館

肥前の磁器は 1610 年代頃に日本初の磁器として誕生する。こうした鍔縁の大皿の器形は、先行する陶器の成形技術と共通する。底部の器壁は厚く、高台径は口径の 27%くらいと小さいのが特徴である。素焼きもせず 1 回で焼くため失敗率が高く、こうした大皿製作技術は難しかった。そのため、この技術をもっていた有田町「山辺田窯」は 1637 年の窯場の整理以後も残されたと考えられる。

⑥ ● **染付人物如意頭繋文皿**
そめつけじんぶつにょいとうつなぎもんさら
1630～1640年代
口径13.4cm　高さ2.9cm
佐賀県立九州陶磁文化館（柴田夫妻コレクション）

1637年の窯場の整理・統合以後の重要な窯の一つに山内町「窯ノ辻窯」がある。そこではこうした小皿などを中心に、小型の多様な碗・皿・小坏などを作った。1650年頃で閉窯となり、短期間の操業であったことがわかり、編年上重要な窯の一つになった。

⑦ ● **色絵撫子鳥窓絵桔梗文輪花大鉢**
いろえなでしことりまどえききょうもんりんかおおばち
1640～1650年代
口径30.5cm　高さ8.2cm
佐賀県立九州陶磁文化館(柴田夫妻コレクション)

1647年までに中国の技術を導入して色絵磁器の焼成に成功する。もっとも付加価値の高い磁器の開発に、景徳鎮窯並みの大きな高台径で、薄作りの素地を作り出す。「山辺田3号窯」では朝鮮的成形技術による大皿と、中国的成形技術による色絵素地大皿が共伴して出土した。

⑧ • **染付山水文竹形鈕蓋付鉢**

そめつけさんすいもんたけがたちゅうふたつきばち
1650～1660年代
口径25.2cm　高さ18.7cm
佐賀県立九州陶磁文化館(柴田夫妻コレクション)

1640～50年代の技術革新を経て、中国景徳鎮並みの磁器が作られるようになる。オランダによる肥前磁器のヨーロッパ輸出もはじまるが、その初期の主要な窯に有田町「長吉谷窯」があり、これと類似の陶片が出土している。長吉谷窯は1660年銘の陶片が出土するなど、肥前磁器編年解明のきっかけとなった。

⑨ ● **染付芙蓉手花虫文輪花皿**
そめつけふようでかちゅうもんりんかざら
1655〜1670年代
口径21.1cm　高さ3.4cm
佐賀県立九州陶磁文化館（柴田夫妻コレクション）

1644年、中国の王朝交替にともなう内乱で中国磁器の輸出が激減する。そのため1647年頃には早くも中国磁器に代わって東南アジアに肥前磁器の輸出がはじまる。中国磁器の輸出が再開されないため、オランダ東インド会社は1659年から本格的に肥前磁器の輸出を手がけ、西アジアからヨーロッパに運んだ。初期には明末の中国磁器を見本に注文されたために、こうした芙蓉手皿が作られた。

⑩ • **色絵団龍三方牡丹文菊花鉢**

いろえだんりゅうさんぽうぼたんもんきっかばち

1670～1700年代

口径20.1cm　高さ9.4cm

佐賀県立九州陶磁文化館（柴田夫妻コレクション）

オランダからの注文は品質に厳しかったためか、肥前磁器はより傷も歪みもない完璧な素地を作る技術が進歩する。とくに有田町「柿右衛門窯」では、1670年代頃には精緻な作りで、釉に青味が少ない乳白色の素地ができるようになる。その素地の白地を生かしながら、明るく繊細な色絵をあらわしたものが典型的な「柿右衛門様式」である。

⑪ ● **染付山水雲文輪花皿**
そめつけさんすいうんもんりんかざら
1680～1700年代
口径19.6cm　高さ3.7cm
佐賀県立九州陶磁文化館
（柴田夫妻コレクション）

酒井田柿右衛門家は南川原の柿右衛門窯に続いて「南川原窯ノ辻窯」の主要な窯焼として指導したと考えられる。そのため南川原窯ノ辻窯でもこのように精緻な染付が出土する。またこの時期に「見込五弁花文」を描きはじめ、その後18世紀には肥前一帯でこの文様が用いられることになる。

⑫ ● **染付竹虎文長皿**　そめつけたけとらもんながざら
1700～1730年代
口径20.3×12.3cm　高さ4.1cm
佐賀県立九州陶磁文化館（柴田夫妻コレクション）

染付はふつう青色顔料の呉須を線描き筆に含ませ、文様の輪郭などを描き、透明釉をかけて焼くと青い文様があらわせる。これを線描き筆でなく、文様を切り抜いた型紙を用い、型紙を器面に当て上から呉須を塗り、型紙をはずすと断続する染付線があらわせる。そのあと濃み筆で必要個所を塗って仕上げる。これを「型紙摺り」と呼ぶ。染付の型紙摺りは1670年代頃にあらわれ、18世紀前半にかけて有田でおこなわれた。

⑬ • **染付鳳凰唐草雪輪文皿**
そめつけほうおうからくさゆきわもんさら
1690～1710年代
口径17.6cm　高さ3.1cm
佐賀県立九州陶磁文化館
（柴田夫妻コレクション）

型紙摺りとともに筆による表現でない方法として、「コンニャク印判」と呼ぶ装飾法が1690年代頃にあらわれる。見込の鳳凰に桜花の文様は呉須をつけた判子であらわす。18世紀には肥前一帯の窯で、より安価な磁器を作るなかで多用された。同様の技法は17世紀後半のベトナムや17世紀末以降の中国でもみられる。

⑭ • **色絵唐花雲文朝顔形鉢**　いろえからはなうんもんあさがおがたはち
1690～1710年代
口径21.1cm　高さ8.8cm
佐賀県立九州陶磁文化館（柴田夫妻コレクション）

肥前の色絵は1670～90年代の柿右衛門様式に代わって、1690年代以降、染付素地に金・赤を多用した「金襴手様式」が主流になる。色絵具も柿右衛門様式になかった新しい黄みを帯びた緑などがみられる。鍋島藩窯の磁器が「盛期」を迎えた時期に有田民間窯でもっとも上質の磁器として作られた。

⑮ • **色絵雲龍文鮑形皿**　いろえうんりゅうもんあわびがたさら
1750〜1780年代
口径22.6×20.1cm　高さ4.1cm
佐賀県立九州陶磁文化館（柴田夫妻コレクション）

有田の色絵は17世紀後半から1730年代頃にかけては緑色などを塗る個所の輪郭は黒線を引いてあらわすのがふつうであった（赤線を用いることもある）が、1730年代頃から新たに金色の線で輪郭を引く表現が多くなる。

⑯ • **色絵茄子文蓋付碗**
いろえなすもんふたつきわん
1820〜1840年代
口径11.2cm　高さ8.5cm
佐賀県立九州陶磁文化館
（柴田夫妻コレクション）

江戸後期には、肥前の飯用碗は広東形碗からこのような端反り形碗が主流となる。口縁部が外反し、高台径は比較的小さく、しかも撥形に開く器形であり、口縁部の内側に文様帯を描くのが特徴である。

第1章　肥前窯をどう調査したか

1　陶片のパズル

九州陶磁文化館の設立

一九八〇年四月、佐賀県立九州陶磁文化館が開館した。そこで筆者らは、すでにおこなわれていた考古学的な発掘調査で得られた出土陶片の整理分析をはじめた。

窯跡の陶片は一度採集されてしまうと、拾った人が正確に拾った場所を明記しておけばよいが、怠るとその場所がわからなくなることが多い。拾った場所がわからなくなった陶片は学術的には価値がほとんど失われてしまう。つまり、どこで、いつ、どのような製品が焼かれたかを語らせることができなくなる。その点、考古学的発掘調査によって得られた陶片は出土した場所が明らかである。私たちの役割は陶片にいかに多くのことを語らせられるかであり、陶片はみずから勝手に語ってくれるわけではない。よって陶片により多くのことを語らせるために考古学的な発掘調査が必要なのである。

陶片の整理作業

一九八一年四月二日、長吉谷窯《ちょうきちだにかま》の陶片数十万点が有田町の収蔵庫から九州陶磁文化館に運ばれ、整理がはじめられた。長吉谷窯は肥前窯《ひぜんよう》を代表する窯跡で、一九七八年に発掘調査されたものである。

整理をはじめた当時、筆者は近世磁器に関する知識をほとんどもっていなかった。膨大な陶片を前にして、まず、白い素地に青色の絵付けをした「染《そめ》付《つけ》」か、「白磁《はくじ》」か、それとも「青磁《せいじ》」やその他の種類か、見てわかりやすい違いから一点一点を仕分けしていった。

大きく仕分けが終わると、つぎに「染付」を器の形、つまり碗か皿か瓶、その他に分けていった。順々に、より細かく似たものを集めるように分ける作業を何度もおこなった。

そうするとだんだん細かい違いがわかってきた。数十万点の破片をくり返し見て細分し、果ては一個体の器として破片同士が接合するまで何度も何度も見る。個々の破片の釉薬《ゆうやく》の微妙な違いまで見つめていくうちに、それぞれの特徴が分類した状態で記憶されていく。こうして微妙な違いがわかるように目がトレーニングされていったのである。

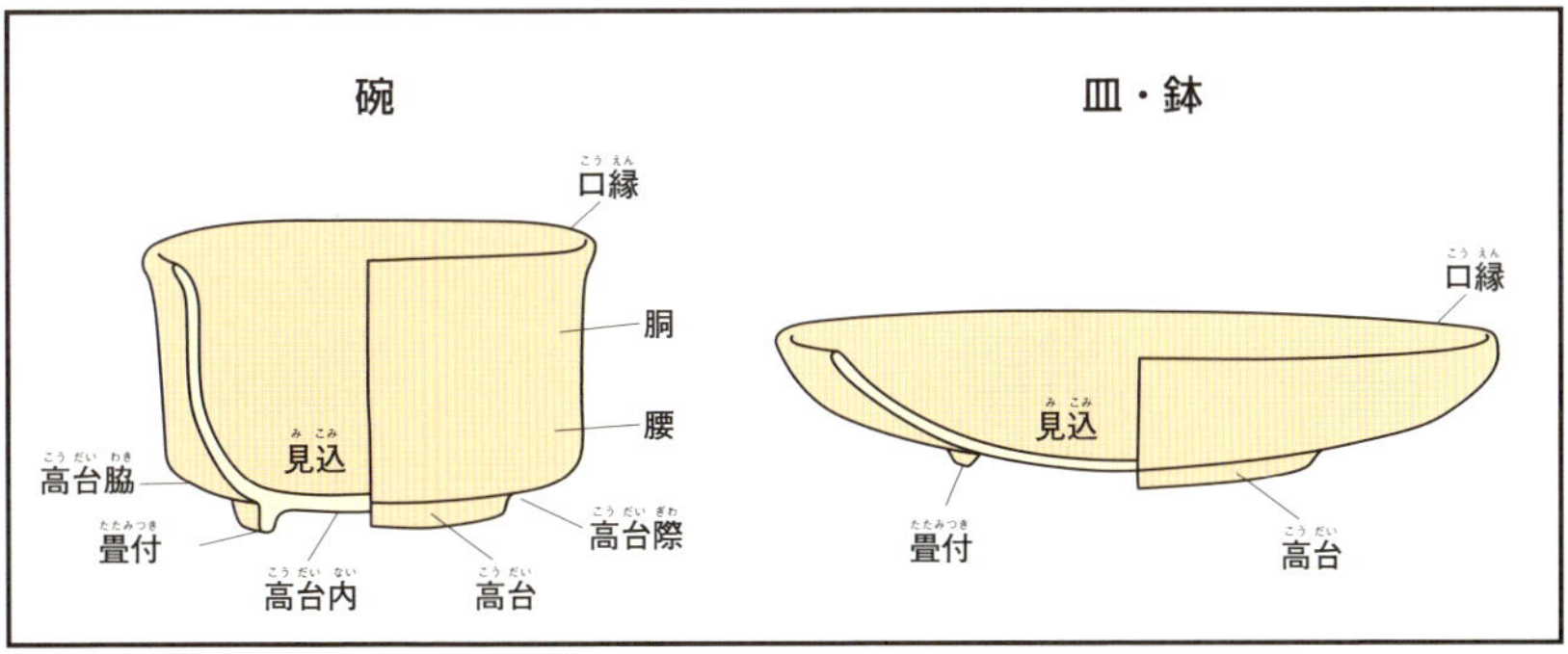

図1 ● 器の各部分の名称

こうした細かい作業をつづけるのは、肥前窯発展の歴史を具体的に解明するためであった。文様の変遷、器形の変遷、技術の変遷等々、製品がもつ要素ごとに、その移り変わりを明らかにすることによって、時にはその移り変わりの原因究明にも踏み込める場合がある。また、流通が時代によってどのように変化するか、各地域に運ばれた製品が、その地域でどのように使われ、それぞれの地域の生活文化の変遷の中でどのような役割を果たしたかなどの研究が可能になる。さらに、肥前窯のように海外輸出したような大規模生産地の場合、年代が明確になることで、日本はもちろん、海外の政治・経済の動きを読み解くときの物証にもなる。そして、整理をはじめた当時は、まだそうした変遷が解明されていなかったのであった。

2　先行研究とその限界

古美術的研究の視点

肥前窯は、明治期になって産業史の視点から調査がおこなわれた。文献史料や伝承により、佐賀・鍋島《なべしま》藩の藩祖鍋島直茂《なおしげ》が朝鮮出兵の際に連れ帰った朝鮮陶工（高麗人という）によってはじまる肥前窯の歴史、とくに磁器の歴史が描かれた。これは明治新政府による殖産興業の一環であった。黒川真頼《くろかわまより》の『工芸志料《こうげいしりょう》』（一八七八年）などもそうした色彩が強い。細かな製品の特徴よりも、窯数、生産規模、人数、生産額など産業としての概要が記述された。

肥前磁器が鑑賞と研究の対象となるのは大正時代に入ってからである。地元の大宅経三《おおやけいぞう》が文

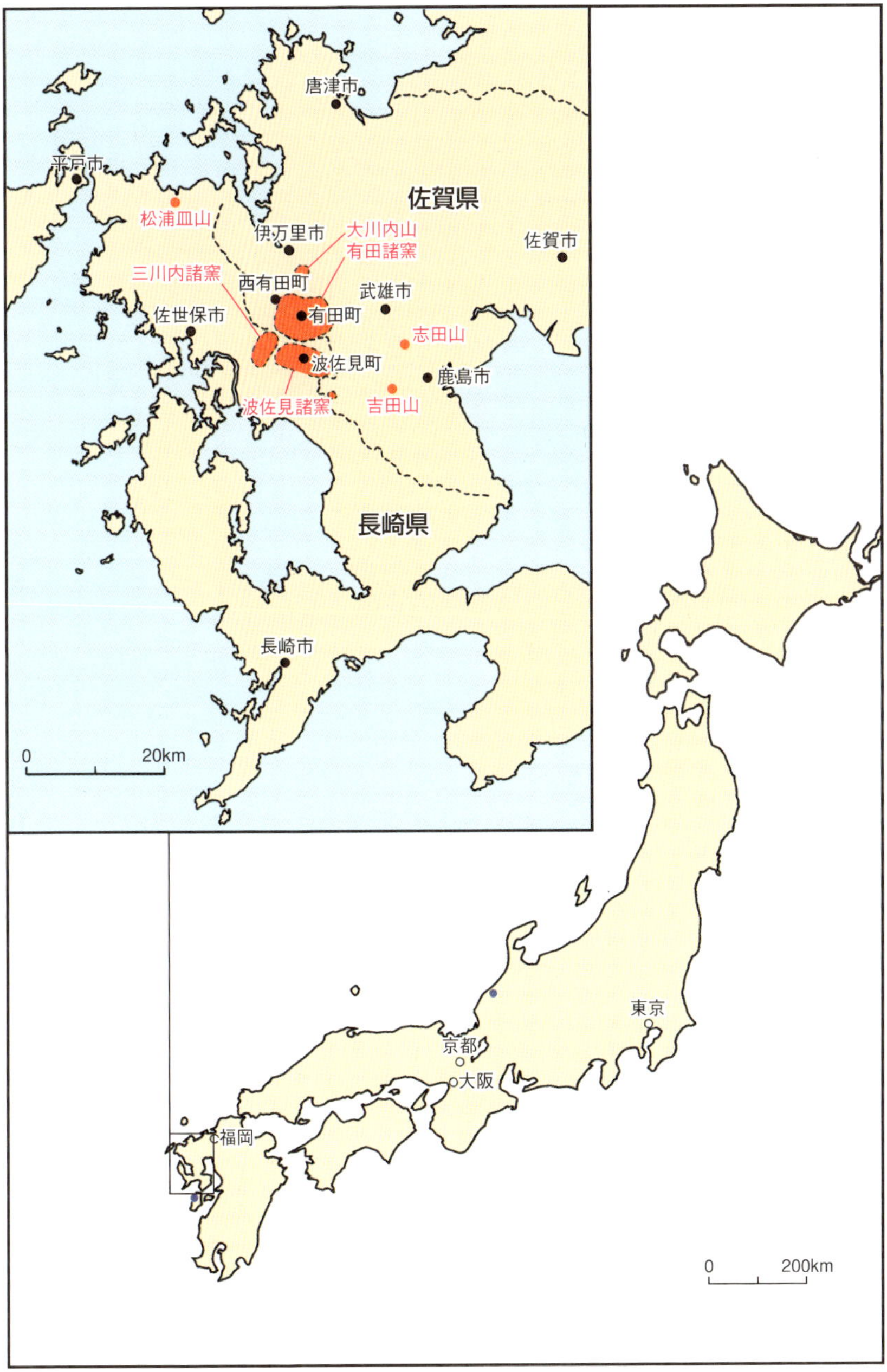
唐津市
平戸市
佐賀県
松浦皿山
伊万里市
大川内山
有田諸窯
佐賀市
三川内諸窯
西有田町
武雄市
有田町
佐世保市
志田山
波佐見町
鹿島市
波佐見諸窯
吉田山
長崎県
長崎市
0
20km
東京
京都
大阪
福岡
0
200km

図２ ● 肥前窯関連地図

献史料なども用い、より詳細に歴史を記述し、また古い磁器について特徴も記した（『肥前陶窯の新研究』一九二一年）。

東京の彩壺会《さいこかい》などでは古美術の視点から研究を深め、一九二九年（昭和四）、大河内正敏『柿右衛門《かきえもん》と色鍋島《いろなべしま》』が彩壺会から出版された。それまでは「肥前磁器」と表記されたり、「鍋島」は「大川内焼《おおかわちやき》」というような使い方であったが、「柿右衛門」「古九谷《こくたに》」「鍋島」という焼き物のグルーピングの仕方と名称の使い方がされた。これらは欧米の収集家の影響もあって、古美術品収集に熱が入ったことが背景にあったと考えられる。

さらに昭和に入ると、窯跡の陶片に対する関心が高まり、大宅経三が有田周辺の古窯跡《こようせき》一三カ所を発掘し、東京、大阪、京都で「肥前古窯発掘品展覧会」を、一九三〇年一二月から翌年にかけて開催したという。発掘陶片の展示というのは当時としては画期的なことであった。

また、一九三六年（昭和一一）には、中島浩氣《なかしまこうき》の『肥前陶磁史考』が上梓された。中島は丹念に文献史料を集め、かつ肥前の窯跡を広範囲に踏査し、おそらくそれぞれの地元で聞き書きなどもおこなったのであろう、驚くほど詳細に肥前陶磁の歴史をまとめた。現在なお、十分資料的価値を有する本として高い評価を得ている。

中島以降、水町和三郎《みずまちわさぶろう》などによって肥前の窯跡の分布図が紹介された。水町は『肥前古窯址めぐり』という冊子で、窯跡の解説を中心に、窯跡から採集した陶片の写真をいくらか掲載した。一九三七年（昭和一二）の『伊万里染付大皿《いまりそめつけおおざら》』にも窯跡の陶片写真を紹介するなど、水町の研究姿勢が、地元での発掘熱を高めたのかもしれない。鍋島藩窯調査委員会による『鍋島藩

初期伊万里
日本最初の磁器として朝鮮の技術ではじまった肥前磁器だが、早くから中国磁器をめざして、意匠の模倣をおこなった。1650年頃までの厚手で力強い絵文様を施した磁器を「初期伊万里」と呼ぶ。（柴田夫妻コレクション）

初期色絵（古九谷様式）
本焼きした素地に赤・緑・黄・青などの色絵具で文様を描き焼き付ける色絵の技術は中国から技術導入して1647年頃までに成功した。1660年代頃までの濃厚で暗い色調の色絵を「初期色絵」と呼ぶ。（柴田夫妻コレクション）

柿右衛門様式
有田磁器の技術は1670年代頃に、より完成度の高い磁器ができるようになる。とくにサヤに入れて焼く方法で完璧な乳白色の素地を作り、それに明るい色合いの繊細な絵付けを施したものが典型的な「柿右衛門様式」である。（柴田夫妻コレクション）

鍋島藩窯様式
将軍家への献上などを目的として採算度外視の磁器を作らせたのが鍋島藩窯である。1650年代頃からはじまるが、1690～1720年代頃に盛期を迎え、日本磁器でもっとも精巧な磁器が作られた。

図3 ● 肥前磁器を代表するグループ

窯の研究』（一九五四年）の事前発掘調査は一九五二年におこなわれている。

しかし、これらの窯跡調査は考古学的な方法とは言い難く、主に製品、つまり陶片を掘り出すのが主眼で、わずかに窯本体に関心があるくらいであった。

考古学的発掘調査のはじまりと限界

肥前窯の考古学的調査は、三上次男《みかみつぎお》博士の指導による一九六七～七一年の有田町天狗谷窯《てんぐだにがま》にはじまるといってよい。これをきっかけとして、それまでの陶片採取を主目的とした発掘にかわって、考古学的な手法による窯跡の調査がおこなわれるようになる。有田町掛の谷窯《かけのたにがま》、猿川窯《さるがわがま》、山辺田窯《やんべたがま》、天神森窯《てんじんもりがま》、西有田町迎原窯《むかえのはらがま》、原明窯《はらあけがま》、柿右衛門窯、鍋島藩窯などの調査がおこなわれた。

これらの発掘調査は主として、有田の磁器生産のはじまり、「古九谷」の窯、「柿右衛門」の窯、「鍋島」を焼いた鍋島藩窯、の四つの問題を解明することを目的としていた。

現在も盛んな生産地にとって、そのはじまりと発展で象徴的な、しかも有名な部分の解明にのみ関心が集まるのはごく自然なことかもしれない。しかし、その結果、これら四つの関連性を時系列的にとらえることはできず、出土した陶片の年代については、地元の研究者たちや美術史的に考えられてきた意見に左右されていた。

しかし、有田の創業の歴史を明らかにすることを目的とした天狗谷窯の発掘では、その緻密な手法によって、A～E窯、それとX窯の六基以上の窯体《ようたい》が複雑に重なり合って検出された。

その様子に、地元の多くの人びとも、これで創業年代の結論が出たと信じた。また調査者はそうした地元の期待を担っていた。その際、もっともやっかいだったのが年代であったろう。天狗谷窯の調査では、年代決定に当時としてはまだ新しい手法であった熱残留地磁気測定法を導入した。そして、この方法で発掘調査の結果や製品等も勘案しながら絶対年代を推定したのである。後になってみればやはりこれは無理なことであった。

型式学と層位学の必要性

遺跡や製品の年代を推定するには、やはり考古学本来の手法である型式学、つまり製品の特徴をみきわめ、多くの資料を比較しながら製品の新旧を推定していく方法が必要であった。その際、発掘された遺跡と出土資料は多ければ多いほど精度は上がる。

もう一つは層位学である。同じ地点の場合、後世の撹乱《かくらん》がないかぎり、上に堆積した土層のほうが新しいという地質の原理を応用して、それぞれの土層から出土するものの層位的新旧を情報として得るものである。この場合、人間行動の常として、本来、下の土層の年代に属するものが、上の土層、つまり新しい土層に混入することはありうる。この点については型式学とともに総合的に判断することによって混入品を排除することは可能なのである。

層位学による相対的新旧は一遺跡同一地点の中でおこなえるものだが、他遺跡、他地点とは型式学的に共通項を見いだすことによって連結することが可能になる。

多くの遺跡でこの層位学的、型式学的共通項が見いだせると、そこではじめて、信頼度が高い相対年代ができあがる。この考古学的編年方法を基本としておこなうのがもっとも確実なのであるが、そのためには多くの同時代と前後の時代と推定される、同じ性格の窯跡を調査する必要があったのである。

3　考古学的な窯の研究方法

徹底的な分類

肥前の窯跡の発掘調査をおこなうと、部分的な発掘であっても何万、何十万という製品（陶片）や窯道具などの遺物が出土する。量が多いのは生産規模が大きいためである。これを研究するには、つぎのような方法が必要である。

第一に、徹底的に分類することである。分類はやみくもにおこなっても結果は得られない。陶器か磁器か窯道具かを大別し、磁器の場合、①種類、②器種、③器形、④成形法、⑤窯詰め法、⑥装飾といった観点から分類する。

①種類とは、たとえば、肥前窯を代表する、白地の素地に呉須《ごす》で絵付けをし透明の釉薬を掛けて焼いて青い文様をあらわした「染付」（口絵⑤⑥⑧⑨など）や、「白磁」「青磁」「瑠璃釉《るりゆう》」「銹釉《さびゆう》」など、釉薬による分類である。②器種は、碗、皿、鉢、蓋物、壺、瓶など器の用途に近い分類で、③器形は、器種の中で、たとえば碗であれば断面形が筒形であるか丸形かという器の形による分類である。④成形法は、ふつうは轆轤《ろくろ》成形であるが、それ以外に、型打ち成形

（口絵⑩⑪参照）、糸切り細工（口絵⑫参照）、型押し成形（図4）などがある。⑤窯詰め法は、窯に詰めて焼くときの方法による分類で、さまざまな方法があり（図5、6、7、8参照）、それによって技術伝播の系統や年代がわかってくる。⑥装飾は、染付文様が主であるが、青磁や白磁などでは陽刻、陰刻の文様がある。また、文様を切り抜いた型紙を素地に当て呉須を刷り込む「型紙《かたがみ》摺《ず》り」（口絵⑫参照）や、呉須をつけたハンコを素地に押して文様をあらわす「コンニャク印判《いんばん》」（口絵⑬参照）などの印刷装飾法もある

　こうして遺物は細分されていき、最後は色調や文様表現の、たとえば筆づかいまでいくと、個体識別、製作者識別に到達するのである。なお陶器の場合は、「轆轤成形」（口絵①③④参照）

図4 ● 型押し成形
この人形は、前後2面の土型（雌型）に粘土を押し込み作ったものを張り合わせて成形したもの。雌型に粘土を押し込んで作るのを型押し成形といい、紅皿や合子の蓋と身などは一つの雌型だけで作られる。

見込蛇目釉剥ぎ

透明の釉薬が掛けられているが、1300 度以上の高温で焼かれたときに、溶けてガラス化する。熔けたときに接しているものを熔着することになるので、上の製品の高台が当たるところの釉をあらかじめ蛇目状に剥ぎ取って重ね焼きする。

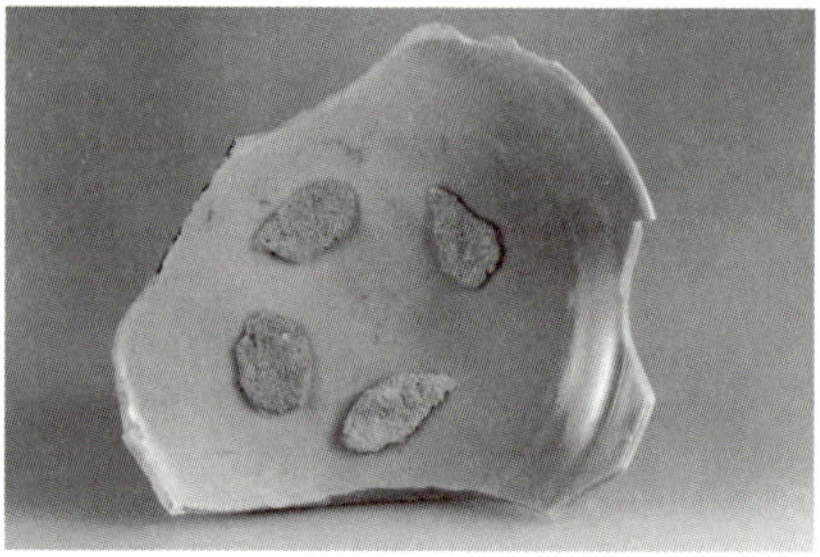

見込に砂目の熔着痕

窯詰めする際、製品同士を重ね積みする方法として、製品間に耐火性の高い砂の塊を 4 個程度はさむ方法。

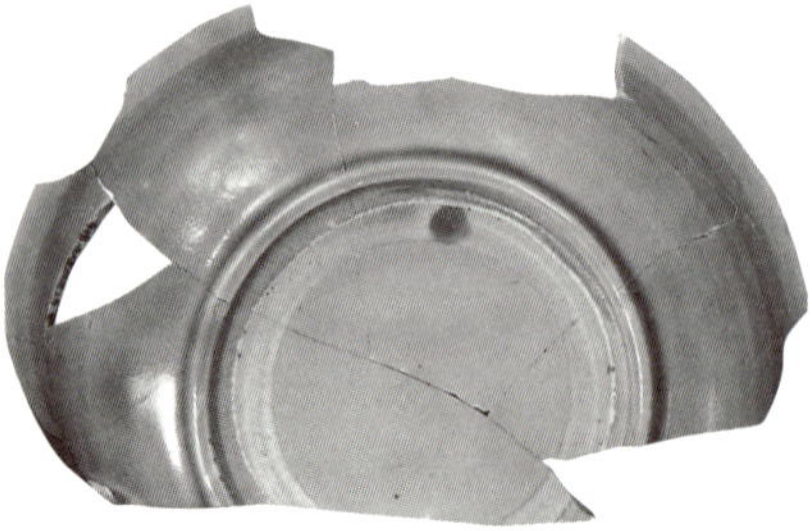

高台内蛇目釉剥ぎ

中国・龍泉窯の青磁が明代におこなっていた方法で、高台の内側の釉を蛇目状に剥ぎ、そこに皿形の窯道具を当てて、釉のかかった高台は宙に浮いた状態で焼く方法。肥前の場合、蛇目釉剥ぎ部分に鉄漿を塗ってチョコレート色に飾る例が普通である。

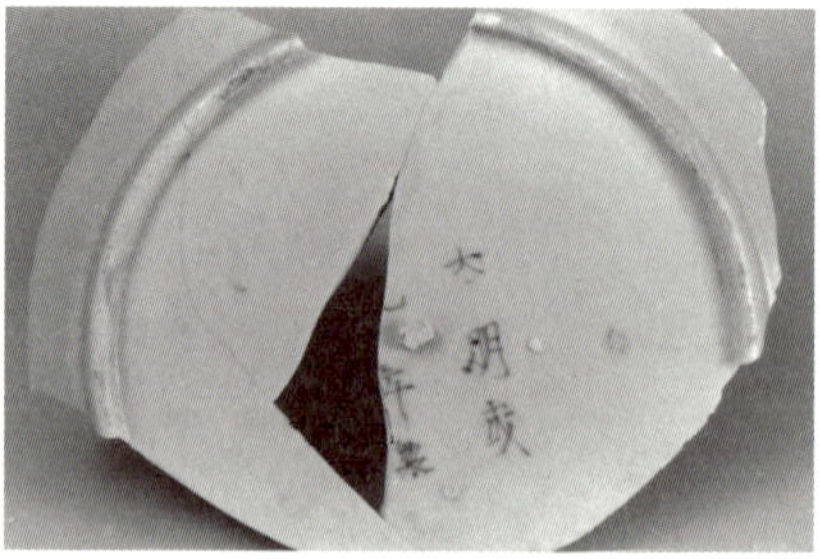

高台内にハリ支え熔着痕

肥前磁器は景徳鎮磁器をめざして高台の直径を拡げようとしたところ、材料の関係で高台内中央が下に垂れた。これを防ぐために磁器土で小円錐状の「ハリ」と呼ぶものを作り、高台径に応じて 1 個ないし数個を据えて焼いた。高台内の釉に熔着するが、叩き落として売られる。小さな熔着痕が残る。「ハリ跡」「目跡」と呼ばれる。

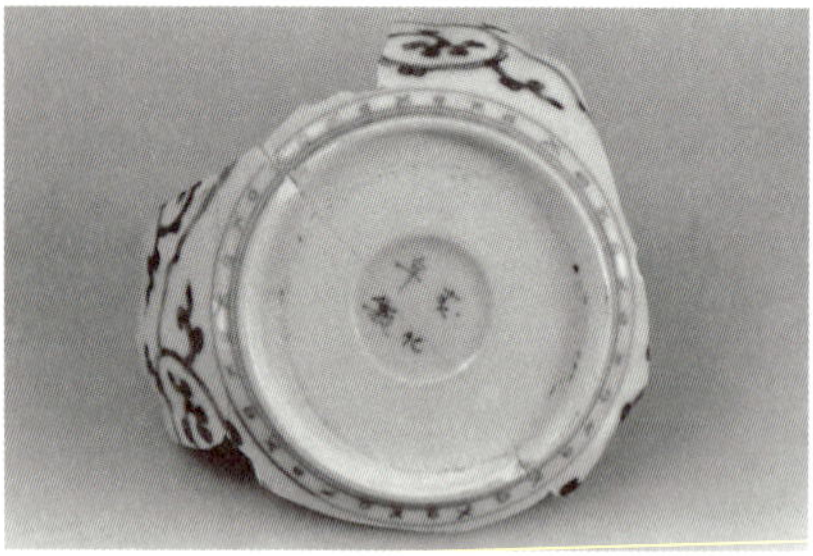

蛇目凹形高台

高台内蛇目釉剥ぎの応用型である。18 世紀になると青磁焼成法としての高台内蛇目釉剥ぎは姿を消し、代わって染付磁器に高台内の中央をくぼませて、周囲に無釉部分を設け、窯道具を当てて窯詰めした。中央をくぼませることで皿形の窯道具ばかりか、普通のハマや戸車で窯詰めすることもおこなわれた。

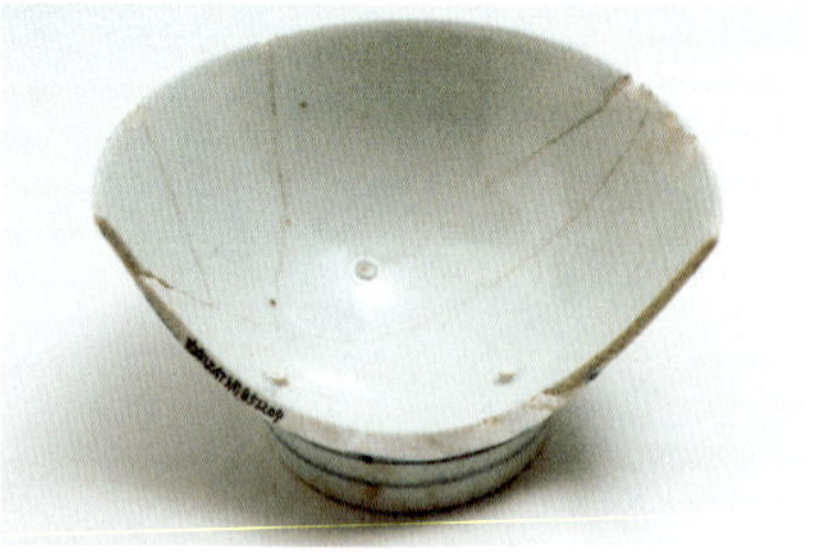

見込に足付ハマ熔着痕

1780 年代頃にはじまる新たな方法として円形のハマに 3 ～ 4 つの角状の足をつけた足付ハマを碗・鉢などの見込に据え、円板部分の上に、上の製品の高台を据えるように窯詰めする。足の先端が見込の釉に熔着する。普通足の部分だけ磁器土を用い、円板部分は耐火粘土で作る。

図 5 ● 磁器の窯詰め法の種類

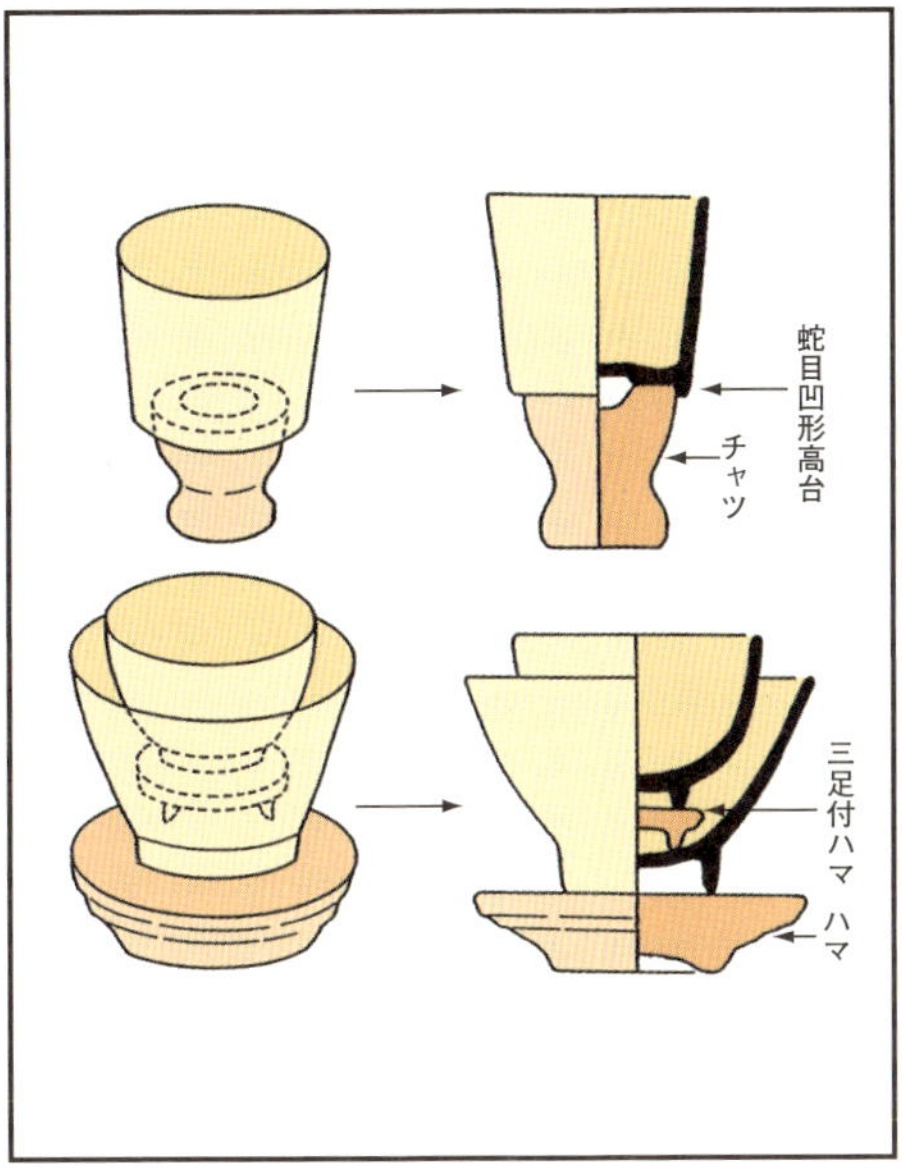

図７ ● 磁器の窯詰め法
〈蛇目凹形高台と足付ハマの模式図〉
18 世紀前半にあらわれる窯詰め法として蛇目凹形高台がある。17 世紀後半の青磁におこなわれた高台内蛇目釉剥ぎの窯詰め法を染付などに応用していったもの。高台内中央をくぼませることにより、チャツだけでなく、ふつうのハマを当てて窯詰めすることも可能となった。
1780 年代頃にはじまる新たな窯詰め法として足付ハマを挟んで重ね焼きする方法がある。下の製品の見込には三足ないし四足の熔着の痕がみられる。19 世紀の雑器生産の中で盛んに用いられた。

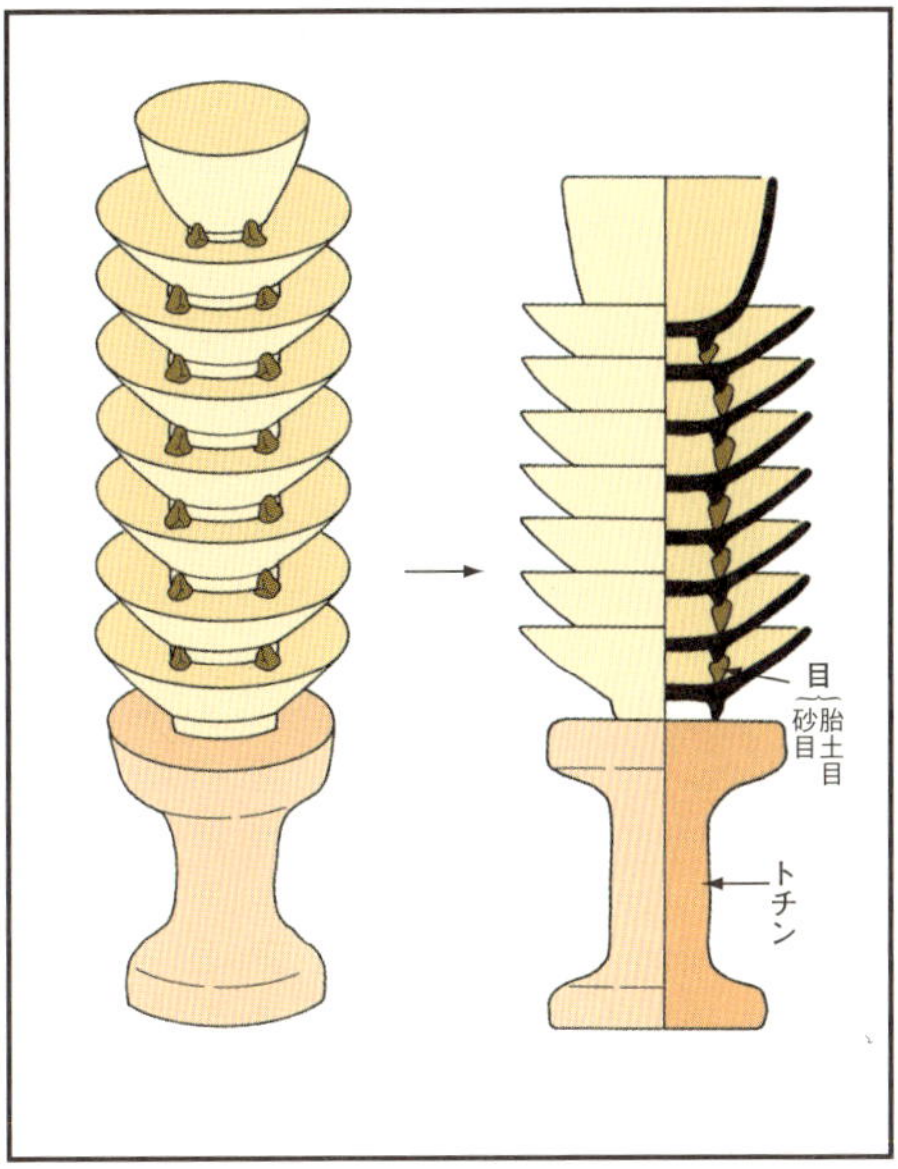

図６ ● 陶器の窯詰め法〈目積みの模式図〉
陶器を一度により多く焼こうとした場合、重ね積みして焼く方法がおこなわれた。ふつう底部以外には釉薬がかかっているので、直接重ね焼きすると釉が高温で熔けた際、製品同士が熔着してしまう。焼き上げたあとに取り外しができるように、製品間に粘土の団子を３～４個はさみ、接点を小さくした。小さいながらも目の熔着痕は残り、それを目跡と呼ぶ。目には材料の違いで胎土目、砂目があり、ほかにも陶石目や貝目があった。

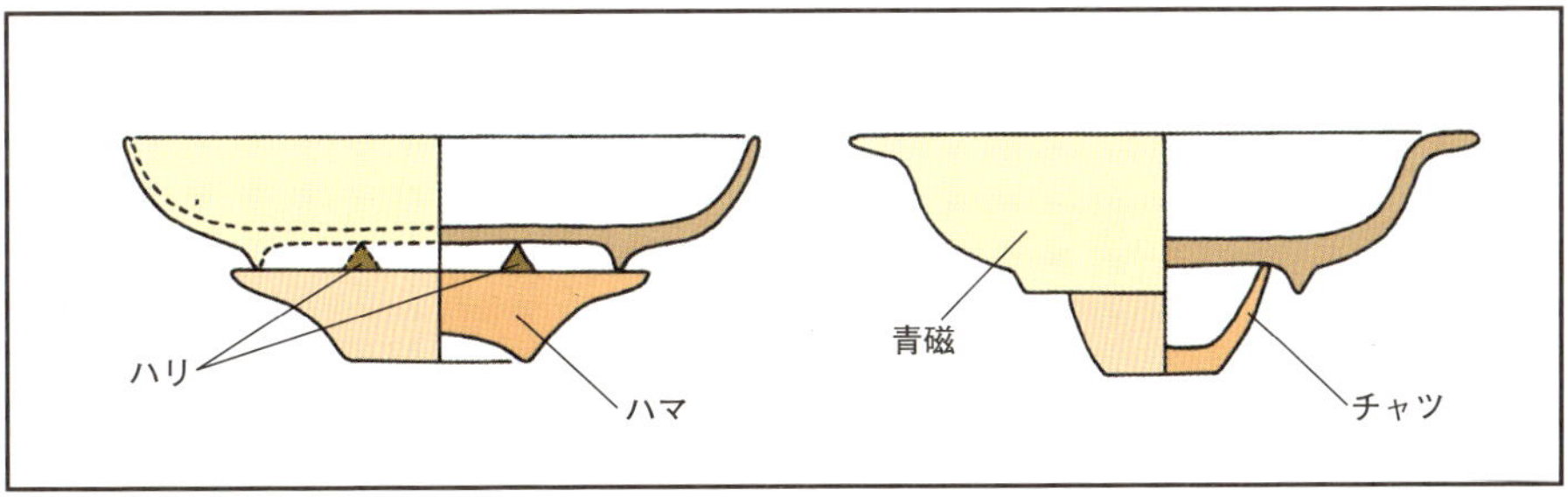

図８ ● 磁器の窯詰め法〈ハリ支えと高台内蛇目釉剥ぎ〉
〔左〕1650 年代以降のふつうの窯詰め方法。底が垂れないように磁土で小円錐状に作った「ハリ」を当てて窯詰めする。
〔右〕チャツを使った窯詰め法で、1650 年代頃にはじまる。主に青磁の皿・鉢に用い、高台内の釉を蛇目状に剥ぎ、そこにチャツを当てる。

か、内側に板を当てて外側から叩き板で叩きながら作っていく「叩き成形」（口絵②参照）かでまず分類する。これは両者では技術集団も違ったと考えられるからである。

こうして窯ごとの製品の特徴がわかるのである。さらに「ハマ」「トチン」などと呼ばれる窯詰めの際に使う窯道具がある（57ページ、図24参照）。これも重要な遺物で、これについては後述しよう。

相対年代と絶対年代の手がかり

ふつう操業期間が短い窯の場合、製品、窯道具の内容はかなり限られたものとなるが、長期間の場合、さまざまな時代の製品、窯道具が出土するので、内容は多岐にわたるものとなる。これらをつき合わせて検討すると、共通する部分がでてくるのである。

たとえば、見込荒磯文《みこみあらいそもん》と呼ぶ波間に鯉が飛び跳ねる図を簡略化した文様がある。この碗が出土した窯は、有田を中心に、長崎県波佐見町《はさみちょう》、佐世保市木原《きはら》、三川内《みかわち》、佐賀県嬉野町《うれしのちょう》不動山《ふどうやま》、吉田山《よしだやま》、武雄市から熊本県天草の内田皿山《うちださらやま》などに広がる。これらの窯では、窯道具や窯構造などより基本的な技術も共通していることから、同時代の窯とみることができるのである。

広域の多数の窯で共通する製品は、すなわちその時代に多くの需要があった、いわば流行した製品である。しかし、ふつうはここまで多くの窯に共通して焼かれる製品はそれほど多くはない。A窯とB窯、B窯とC窯でそれぞれ共通する製品があり、A、B、C窯の窯道具、窯構造も共通していれば、三つの窯は同時代であるといえる。こうしたケースのほうが多い。このように多くの窯に共通する製品を核として、総合的に比較しながら同時代の窯を特定していく。

製品の編年作業は、長期間操業の窯の場合は層位学的手法が力を発揮するのであり、厚い堆積層のなかで、下から上へと土層を正確に識別してそこに含まれる製品・窯道具などによって、新旧関係の資料を得ることができる。この場合も、古い年代の製品・窯道具が新しい土層に混入することはよくあることなので、一つの窯の資料では不十分であり、多くの窯の層位学的資料を重ね合わせていき、不整合部分を取り除きながら、修正を加えて編年作業をおこなう。

こうして相対的編年ができあがっていくが、絶対年代はどうするかといえば、こうした窯跡の出土資料の中に、「万治三年」などの紀年を記した陶片などが、ときどき見られるのである。あるいは一級史料とはいえないが、伝世品のなかで「延宝年製」などの年号が記されたもののうち、後世のもの（偽年号ともいう）でないと判断できるものや、その陶磁器を納めた箱に紀年を墨で書き入れたもので、後世に中身を入れ替えていないといえるもの（これを共箱《ともばこ》という）などで絶対年代の手がかりを得るのである。

こうしてできた編年をさらに検証する方法として重要なのは、消費地遺跡での出土状況である。消費地遺跡での層位学的な方法での検証はもちろんであるが、文献史料から年代の明らかな火災などによって焼け出されたことがわかる陶片などが、絶対年代を推定する資料の一つとして重要である。ほかに紀年墓などが推定する手がかりとなる。

こうしてさまざまな方法、資料によって編年の確かさの検証、修正をおこなう。確実な絶対年代資料が増えれば増えるほど、編年のスケールの目盛りはより細かく刻まれることになる。

第2章　肥前窯を発掘する

1　磁器のはじまりを追う

従来の年代観をくつがえす発見

話題を九州陶磁文化館に運び込まれた長吉谷窯の陶片整理にもどそう。目が各陶片の違いを認識できるようになってくると、ほかの窯の陶片も合わせて見ているうちに、長吉谷窯の陶片がそれほど長い操業年代の中で作られたものではないように思われてきた。

それまで長吉谷窯の年代は、一七世紀後半と一八世紀の二時期があると考えられていた。この年代観は、初期の窯とされた天狗谷窯の発掘報告書の年代観にもとづく。長吉谷窯でたくさん出土した「荒磯文」と呼ぶ跳魚図の碗（図9）が、天狗谷窯の新しいほうの窯（B・C窯）でたくさん出土していたからである。

長吉谷窯の陶片は断続した二時期があるという、それまでの見解を考慮して分類を試みたが、二時期に分けることが思うようにできない。染付の文様を太い線で描くタイプと細い線で描くタイプがあることで新旧があることはわかってきたが、大きな年代差があるようにはすっきり分けることができないでいた。

それらの年代が断絶なくすべて一七世紀後半の中でおさまることに思い当たったのは、「万治三年」（一六六〇）の文字が染付された荒磯文の碗の高台片を発見したからである（図10）。それまで一八世紀と考えられていた荒磯文碗の年代観が一世紀近くもさかのぼることになったのである。

その後、この高台片のもう半分も見つかり、接合してみると、「万治三年、岩屋□□」と読めた。「岩屋《いわや》」は長吉谷窯が位置する地名「岩屋川内《かわち》」を意味するもので、長吉谷窯の製品であることは間違いない。

窯跡出土品はすべてその窯で焼かれたものと簡単に決めつけるのは危険である。窯場では製品を焼くだけでなく、生活も営まれている。生活で使われる焼物は他所の窯で焼かれたものも入る。あるいは見本として他の窯の製品が入ることもある。それらが壊れた場合、捨てるのは窯の脇に

図9 ● 見込荒磯文碗
見込に波間に鯉が跳ねる図を描いたもので、日本では「荒磯」、中国では「跳魚図」と表現される。景徳鎮で16世紀後半～17世紀初頭頃に作られたものが手本となり、肥前で大量生産された。かなり表現が簡略化され、本例のように何を描いているかわかりにくいものが多い。内側面の点に見えるものも本来は魚を描いたもの。17世紀、東南アジア向け磁器の代表的な意匠である。（小橋一朗氏贈）

設けられた物原《ものはら》と呼ぶ失敗品などの捨て場がふつうであったものと思われる。実際、陶器の窯でほかの窯の磁器が出土したりする例は少なくない。

しかし、そうした磁器には「窯傷《かまきず》」と呼ぶ窯で焼いたときにできた亀裂やくっついた痕などがない。時には生活の中で使って生じる擦り傷などが見込に認められる場合もある。一方、その窯の製品の場合、失敗して捨てられたのであり、焼成時に亀裂が入ったり、別の製品や道具とくっついていたり、焼成がうまくいかなかったので製品として出せない傷があるものが多い。そうした傷があれば、その窯で焼かれた可能性がきわめて高い。とにかく、他所からの混入の可能性を徹底的に検討したうえで、その窯の製品を見極めなければならない。

他窯との比較検討

以上のようなチェックを経て「万治三年」銘の荒磯文碗が長吉谷窯で焼かれたことが明らかになった。荒磯文碗の染付の表現、高台などの成形の特徴、この窯詰めに用いられた窯道具の特徴などを比較しても、長吉谷窯の初期から焼かれていたことが推測された。よって、万治三年という年代は長吉谷窯の操業年代の中で初期に位置づけられた。

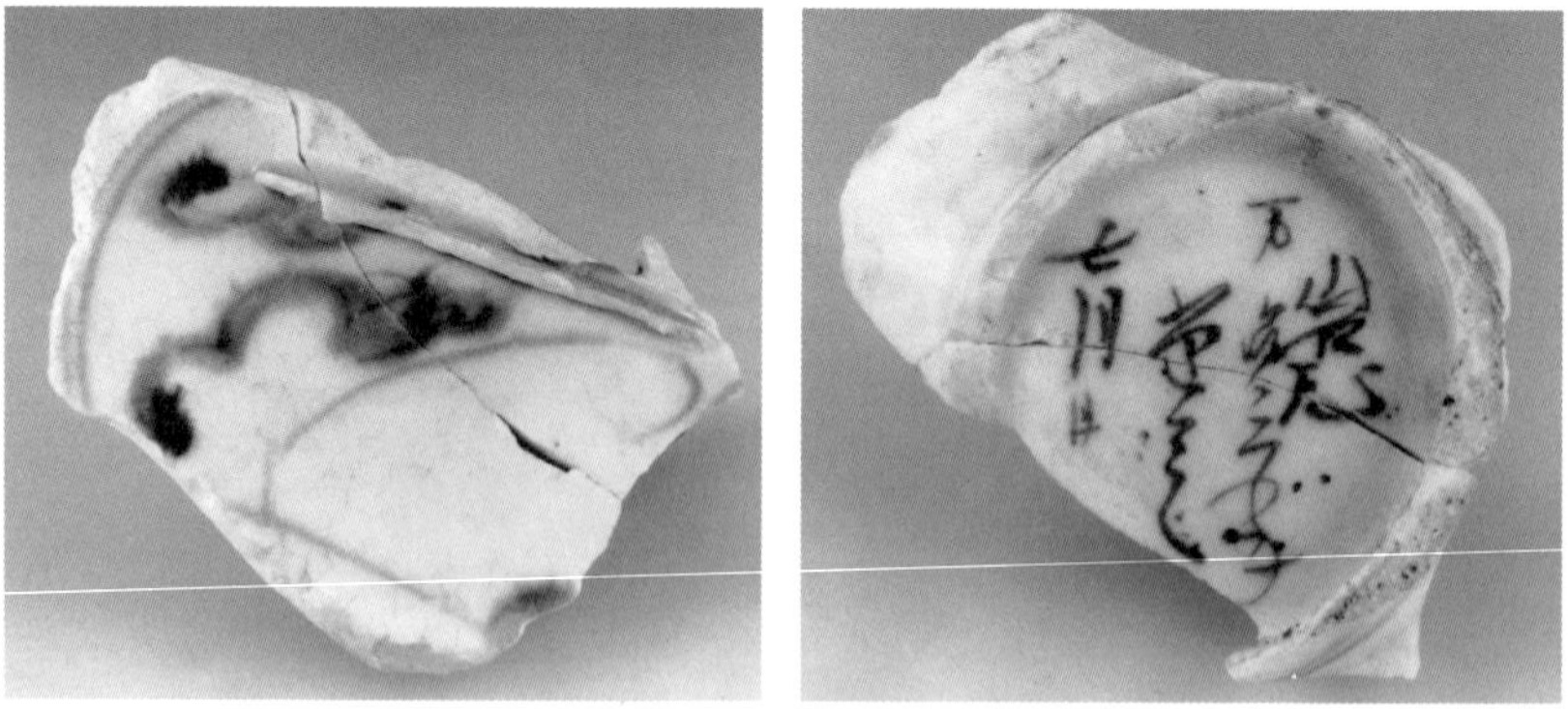

図10 ●「万治三年」銘が記された見込荒磯文碗の破片
（左：見込側、右：高台側）
この紀年銘陶片の発見が肥前磁器編年解明のきっかけとなった。

さらに長吉谷窯出土品では、絶対年代が推定できるものが二点発見された。一つは白磁の蓋に明暦二年（一六五六）の年号が刻まれていた。もう一つは染付手付水注《そめつけてつきすいちゅう》である。ヨーロッパに渡って金属の蓋が取り付けられ、その銀製の蓋に製作した年、一六六六年の紀年が刻まれたものと同類の水注であった（図11）。このように絶対年代がわかったものは一六五〇年代後半から一六六〇年代、すなわち一七世紀後半のものであった。

加えて、長吉谷窯の操業開始年代を確定するために、一六五〇年代以前の窯を調べる必要があった。荒磯文碗はそれまで「初期伊万里」とは考えられていなかったから、荒磯文碗を焼いた窯と焼いていない初期の窯の接点を見つけることができれば、長吉谷窯の操業開始年代もおのずから明らかになる。

一方、長吉谷窯の廃窯年代については、荒磯文碗を焼いた窯と、コンニャク印判や型紙摺り、見込中央に五つの花弁をもつ小さな花を星形にあらわした「五弁花文《ごべんかもん》」（口絵⑪参照）を描いた製品を作った窯との間に、年代差があるとの見当をつけて追求した。

こうした仮説を立てられたのも、それまで発掘がおこなわれ、報告されて

図11 ● 1666年銘銀蓋付の伝世品と同類の手付水注
ヨーロッパ向けに作られた把手付の水注。ヨーロッパに渡ってから金属のワンタッチ式の蓋が取り付けられ、ワインなどを入れて、グラスに注ぐ用途に使われた。ヨーロッパの生活文化の変化により、この種の器形の肥前磁器ワインジャグは20年間くらいで消えた。

いた長崎県側の長与窯《ながよがま》、江永窯《えながかま》、木原地蔵平窯《きはらじぞうびらがま》、松浦皿山窯《まつうらさらやまがま》などとともに、筆者自身、一九八二年に波佐見町の三五カ所におよぶ古窯分布調査で、地表面での調査であるが、窯ごとの特徴をまとめて、いくつかのグループに分けられることを突き止めていたからである。

その中で荒磯文碗を出すが、コンニャク印判や五弁花文のみられない窯のグループと、荒磯文碗がみられず、コンニャク印判や五弁花文のみられる窯のグループがあり、前者のほうが、窯構造、窯道具の点からも相対的に古そうだと考えられた。

まだまだ窯の発掘調査例の少なかった時代で、報告例すべての図と写真が頼りだった。それを分類し配列してみる。製品の場合、同時代でも窯による差が大きいと予測されたので、窯道具も合わせて検討した。窯道具は製品ほど種類が多くなく、また技術革新があったときには明解にそれを教えてくれるから、生産地での変遷を研究する際にはきわめて重要な視点である。

こうして、荒磯文碗や一重の網目文碗《あみめもんわん》をたくさん焼いた長吉谷窯と、コンニャク印判や五弁花文の製品をともなう窯に新旧関係があることがわかってきた。しかし、その荒磯文碗がいつごろ消え、五弁花文がいつごろ出現するのか、その年代となるとまだ明らかではなく、一八世紀前半には五弁花文、コンニャク印判、型紙摺りがあるという程度しかわからなかった。

この出現が一六九〇年代頃（現在では五弁花文の初期にみられる四弁花文や型紙摺りは一六七〇年代にさかのぼるとみられ、コンニャク印判は一六八〇年代の可能性もあるが）であることがわかるのは、柿右衛門古窯、南川原窯ノ辻窯《なんがわらかまのつじがま》、樋口二号窯（以上、佐賀県有田町）の調査と陶片整理によってであり、一九八四年までまたねばならない。

初期の砂目積みの発見

さて、初期の肥前磁器の変遷を解明する糸口となったのは、天神森窯（佐賀県有田町）出土品の中に、胎土目《たいどめ》と砂目《すなめ》の二種類の目積みがあり、それに新旧関係があることを発見したことである。それは「古唐津《こがらつ》」と呼んでいた肥前陶器の編年をおこなうきっかけにもなった。

それまで古唐津の編年は、一部の窯単位で新旧を紹介することはあっても、「斑唐津《まだらがらつ》」「朝鮮唐津」「絵唐津」などの種類に分け、何々窯の製品というだけで、編年を論じることはなかった。年代的関心があっても、それは古唐津がいつはじまるかであった。

肥前窯は陶器、すなわち「唐津焼」と呼ばれた陶器の窯が佐賀県北部の北波多村《きたはたむら》の岸岳城《きしだけじょう》周辺にできたのがはじまりと考えられる。現在、その年代は一五八〇年代頃と推定されている。

この岸岳城周辺の陶器窯は、一五九三年（文禄二）に岸岳城主波多三河守親《はたみかわのかみちかし》が文禄の役の戦いぶりなどを理由に秀吉の不興を買い、改易されて常陸国筑波山麓に流されたために、保護者を失い、陶工たちは離散してしまったとされている（「岸岳崩れ」と呼ばれる）。実際、製品の特徴や道具、窯構造からみても、長期にわたる窯場とは考えられず、新しい要素はない。伝承を裏付けているのである。

そして、一五九〇年代に肥前陶器窯は、佐賀県でも南部の伊万里市や武雄市の地域に中心が移る。ただし、伊万里市北部の焼山窯などは必ずしも岸岳崩れ以降にできた窯とは言い切れず、岸岳城下の陶器窯が操業している時期にすでに開窯していた可能性も残っている。つまり窯構造などの点で古い要素がみられるからである。

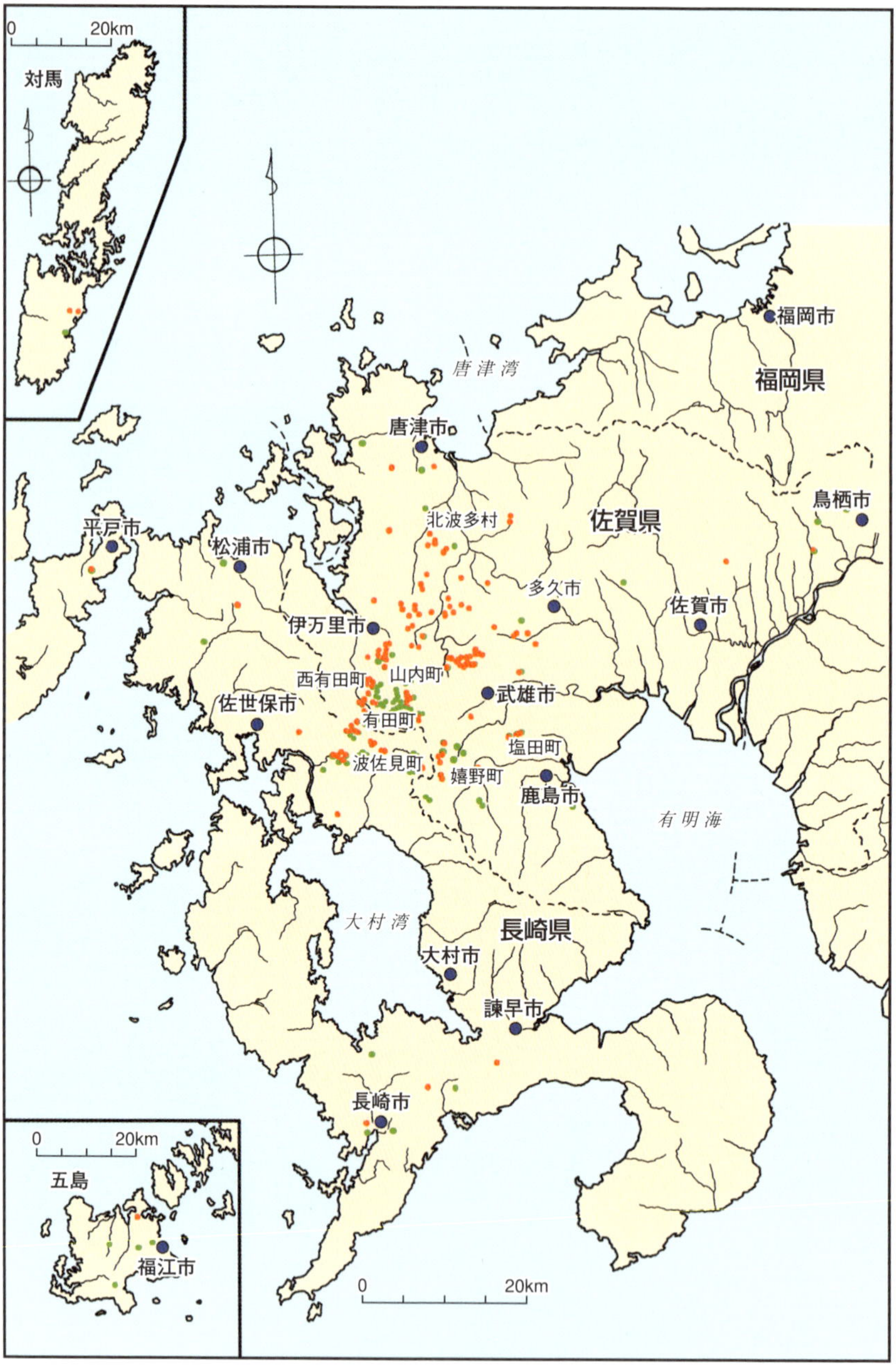

図 12 ● 肥前陶磁器を焼いた古窯跡の分布（●は陶器古窯跡、●は磁器古窯跡）

佐賀県南部への拡散は単純ではない。秀吉の朝鮮出兵の後にも多くの朝鮮陶工が鍋島軍によって連れてこられ、また大村、松浦氏もまた連れてきたといわれているように、新たに多くの陶工が肥前地方に入った。こうして慶長年間（一五九六〜一六一五）に、陶器窯が佐賀、長崎県の広範囲に分布することになる。この時期の窯に共通する特徴は、胎土目と呼ぶ窯詰め法をおこなっていることと「鉄絵装飾」を盛んにおこなったことである。後者は「絵唐津」と呼ばれて唐津のシンボル的な製品である（口絵①）。窯跡数もピークに達した。長崎側では、佐世保市、波佐見町などにある。

そうした南部に拡散した窯の一つ、天神森窯出土の陶器の中で、目積みに二種類あり（27ページ、図6参照）、それに新旧関係があることに気づいたのである。陶器だけで磁器をともなわない天神森二号窯では、胎土目積みばかりであった。しかし、磁器をともなう他の窯では、口縁部を折返した溝縁皿《みぞふちさら》の目積みに、砂状の団子を用いていることが明らかになったのである。装飾面でも、「絵唐津」の碗・皿は胎土目積みがほとんどで、砂目積み段階になると急激に減り、溝縁皿になると鉄絵装飾はみられず、透明性の強い灰釉《かいゆう》をかけただけの無文が主になる。

そして、もう一つの重要な発見は、この砂目積みで磁器があることがわかったことである。染付と白磁があり、のちに原明窯（佐賀県西有田町）出土品などで「砂目積み陶器溝縁皿」に磁器が焼き付いた例が発見され（図13）、砂目積み段階になって磁器が焼かれはじめたことが決定的となる。陶器と磁器が一緒に焼かれた時代の重要な特徴が砂目積みによる窯詰め法であることがわかったのである。

朝鮮から伝わった目積みと磁器のはじまり

小さな団子状のものを挟んで重ね積みする目積みが朝鮮の技術と深いかかわりがあることに気づいたのは、名護屋《なごや》城羽柴秀保《はしばひでやす》陣跡出土の朝鮮の白磁を見たときであった（図14）。

朝鮮の陶磁器に目積みがおこなわれていたことはすでに知っていたにもかかわらず、何気なく見ているとなかなか気づかないものである。当時、たくさん輸入されていた中国磁器にはみられない技術なので、目積みが朝鮮から伝わった技術であることは明らかである。とすると、砂目積みを用いた磁器が有田で磁器を焼きはじめた最初の頃のものであるといえる。

これが一般的傾向かどうかを調べるために、すでに調査されていた窯の例をチェックした。原明窯、迎の原窯（佐賀県西有田町）、山辺田窯（同有田町）などである。その結果、これが共通していることが確かめられた。ところが、山辺田窯跡群だけが陶器をともなう窯と陶器がない窯がある。そして長吉谷窯と共通の荒磯文碗が山辺田一、二号窯で出土している。他の砂目積み陶器溝縁皿をともなう窯場では、荒磯文碗は出土していない。

一方、それまで有田の磁器のはじまりの窯と考えられていた天狗谷窯では、砂目積みのものはみられず、こうした陶器製品は出土していない。有田の内山《うちやま》と呼ばれた東部地域の窯では、

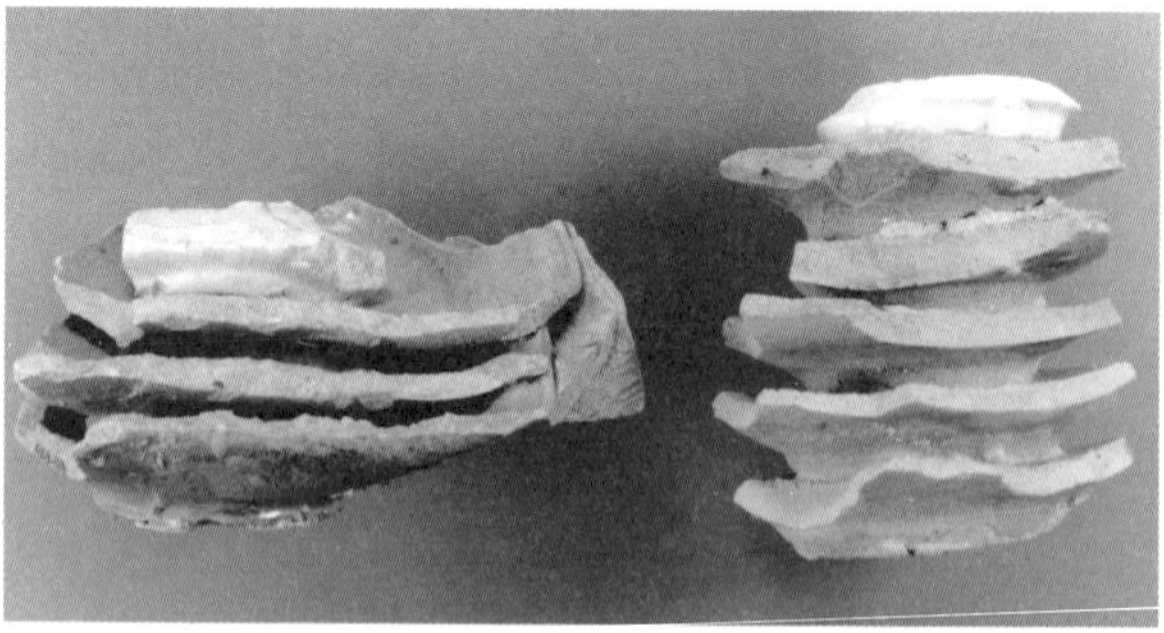

図13 ● 砂目積みの陶器溝縁皿の上に磁器碗を重ね積みしたもの
このように陶器の皿を砂目積みし、一番上に磁器の碗をのせて焼いた例もある。この場合、逆はないので、磁器のほうが大事にされていたことがわかる。また、胎土目積みの例はないので、磁器焼成が砂目積みになったときにおこなわれたことを示している。

砂目積みの陶器溝縁皿がないことに気づく（のちに小樽二号窯で少量の溝縁皿が出土したが例外的なものと考えられる）。

こうして砂目積み陶器溝縁皿をともなう窯は現有田町西部から西有田町に分布し、さらに長崎県側の佐世保市木原地蔵平窯や波佐見町畑《はた》ノ《の》原窯《はらがま》などでみられることがわかった。木原地蔵平窯でも、陶器の溝縁皿を焼いた時期と荒磯文碗を焼いた時期では差があり、前者が明らかに古いことがわかった。

つまり、磁器焼成がはじまったのは以前は有田とされてきたが、窯跡の調査を通してわかってきたことは、有田といっても西部地域から西有田にかけての地域で、すでに陶器生産がおこなわれていた窯の中で試行錯誤がくり返されたということである。しかも、そうした窯は有田に限らず、波佐見町村木の畑ノ原窯でも同様の特徴があり、考古学的には新旧の根拠は見当たらないのが現状である。

この砂目段階の陶器の代表である無文の溝縁皿を焼いた窯は、絵唐津の伊万里・武雄に対し、有田地方や嬉野町内野山など、全体により南に中心が移る傾向がみられる。このように主たる生産地域が少しずつ南に動いている傾向があるのは、薪や粘土など原料確保が原因と考えられる。

これによって、有田での磁器の創始は現有田町西部から西有田町地域で進んだものと推測されたのである。

図14 ● 朝鮮王朝白磁にみる砂目積み
肥前陶磁器が朝鮮の陶工の技術ではじまったことをもっともよくあらわしている特徴が目積みである。16世紀後半頃の朝鮮ではこうした目積みがふつうにおこなわれていたが、中国などではこれと同じような目積みはみられない。

2　有田皿山の確立

窯場の整理・統合事件

当時、こうした陶片整理と併行して、肥前陶磁にかかわる確実な文献史料を渉猟して、その分析にもつとめた。池田史郎編『皿山代官旧記《さらやまだいかんきゅうき》覚書《おぼえがき》』や『山本神《やまもとじん》右衛《え》門《もん》重澄《じゅうちょう》年譜《ねんぷ》』『承応二年万《よろず》御《おん》小《こ》物成方《ものなりがた》算用帳《さんようちょう》』、それに『陶説《とうせつ》』に連載中だった、フォルカー著・前田正明訳「オランダ東インド会社と陶磁貿易」などである。

前山博の教示による『山本神右衛門重澄年譜』には、一六三七年（寛永一四）の窯場の整理・統合について書かれていた。

窯場の整理とは、鍋島藩が一六三七年に、陶業者が燃料の薪採取のために山を切り荒らすとして、八二六人の日本人陶工を陶業生産から追放し、伊万里・有田地方の窯場のうち、伊万里の窯場四カ所すべてと、有田の窯場七カ所の合計一一カ所を取りつぶしたことである。

その上で鍋島藩は、窯場を、有田の黒牟田《くろむた》、岩屋川内《いわやかわち》皿屋《さらや》より上（東）で年木山《としきやま》までと、北は上白川《かみしらかわ》までの範囲の一三カ所にまとめた。『山本神右衛門重澄年譜』での窯場名の記し方が西から東へと書いていること、記述の仕方から黒牟田だけが分離しているらしいこと、黒牟田を除く一二の存続したり、新たに設けられた窯場がのちの「内山」地区に当たることなどがわかった（図15）。

それはまさに、砂目積みの陶器溝縁皿をともなう窯を除いた地域である。

内山以外では黒牟田だけが残されたことになり、黒牟田つまり山辺田窯だけがのちに荒磯文碗を焼いているように、取りつぶされずに一七世紀後半まで生き残った窯であると考えられた。

　このように寛永一四年の窯場の整理・統合事件によって、砂目積み陶器溝縁皿を焼いていた窯の多くが取りつぶされたことが明らかになった。つまり、藩は陶器の溝縁皿のような日常雑器を作っている窯場を意図的に取りつぶし、当時、陶器より付加価値の高かった磁器生産に集中させたと考えられるのである。

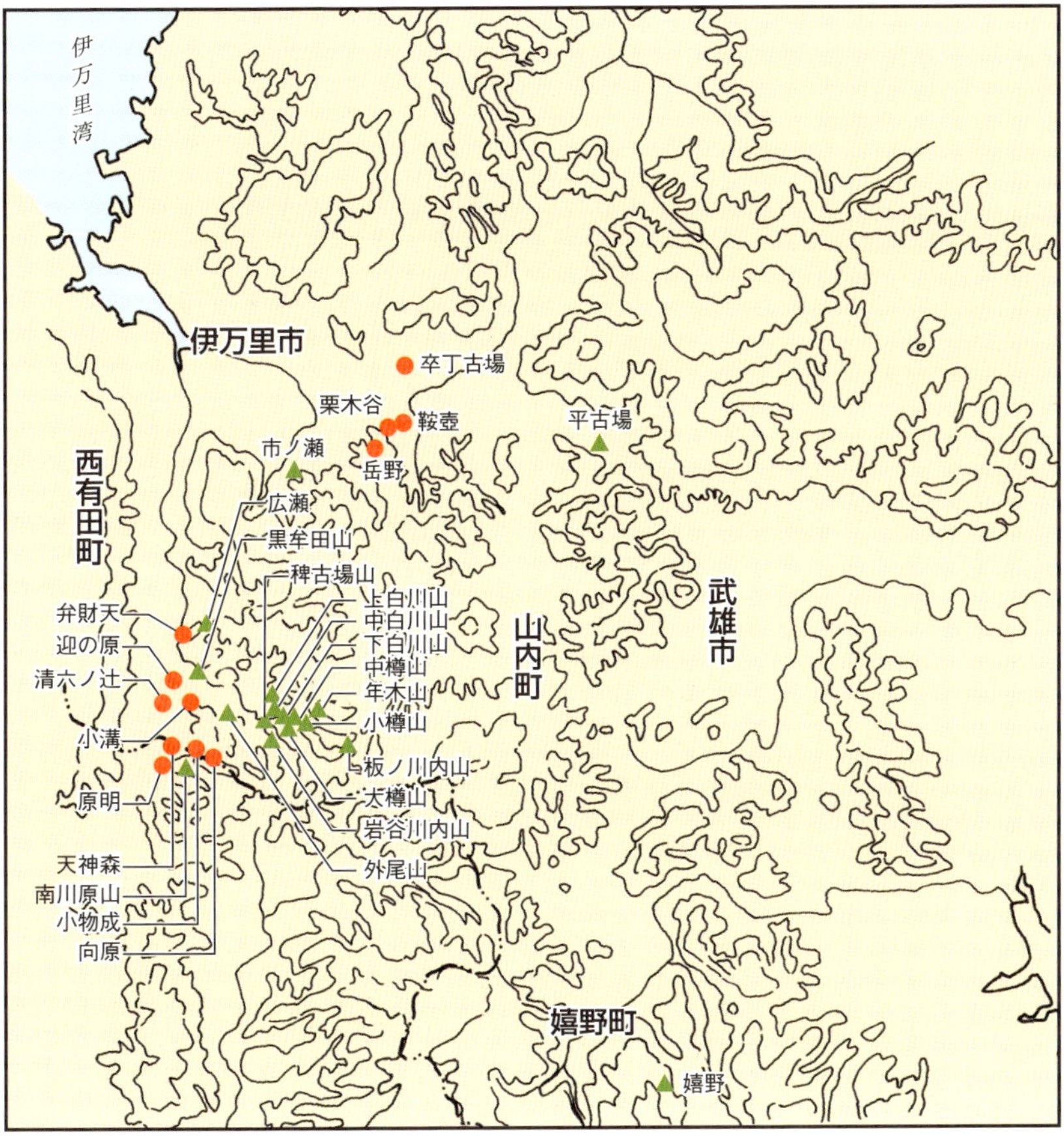

図15 ● 1637年の窯場の整理・統合で消えた窯（●）と
1653年の記録にみられる窯（▲）

有田皿山

一六五三年（承応二）の『万御小物成方算用帳』をみると、有田の窯場は図15のとおりである。

図15をみると、有田以外の窯場としては、広瀬山《ひろせやま》、市ノ瀬山《いちのせやま》などがある。また、一六三七年の窯場統合から、有田で一カ所、有田以外で二カ所増えている。この拡大の原因は、中国の一六四四年以降の内乱で中国磁器がわが国に入らなくなったためであろう。中国磁器の輸入ストップにより、代わりの磁器を求める需要増大で生産量を増やす必要があった。

江戸時代の肥前の窯場は、農村を「村」と呼ぶのに対して「山《やま》」と呼び、公式記録にも「何々山」と記された。その窯場に住む人は、たとえば有田の磁器創業期の主要な人物として知られる金ヶ江三兵衛《かねがえさんべえ》は「白川山三兵衛」、酒井田柿右衛門は「下南川原山柿右衛門」と記された。そして有田全体は「有田皿屋《ありたさらや》」、後には「有田皿山《さらやま》」と呼ばれるようになった。

そして一八世紀に入ると、内外山の区別が明確になる。「内山」は岩谷川内山《いわやかわちやま》より東の七か山であり、「外山」は外尾山《ほかおやま》、黒牟田山、応法山《おうぼうやま》、上・下南川原山、「大外山」は応法山、市ノ瀬山、嬉野山、志田山《しだやま》、桃川山《ももんかわやま》である。

これ以外にも、武雄領の筒江山《つつえやま》、弓野山《ゆみのやま》、鹿島領では一八世紀末に浜皿山《はまさらやま》ができたし、平戸松浦藩領に三川内山《みかわちやま》、木原山《きはらやま》、佐々山《ささやま》、志佐山《しさやま》、江永山《えながやま》、大村藩領の長与山《ながよやま》、中尾山《なかおやま》、三股山《みつのまたやま》、長《なが》（永）尾山《おやま》、稗木場山《ひえこばやま》があり、唐津領に椎の峰山《しいのみねやま》、河原山《かわばるやま》、立川山《たちかわやま》などがあった（一七九六年天草上田家文書による）。

3 「初期色絵」に対する疑問

海岸に打ち上げられた陶磁片

長吉谷窯の整理がだいぶ進んだ一九八二年の一月、鹿児島の吹上浜《ふきあげはま》海岸で採集された陶磁片が多量に九州陶磁文化館に持ち込まれた。

陶磁片のうち、染付は見込荒磯文碗・鉢が主であり、ほかに白磁もあるが、いずれも長吉谷窯によくみられた特徴の製品ばかりであった。破損していない完器もある。ふつう浜辺の採集陶片にありがちな摩滅や貝の付着もほとんどなかった。どうやら台風など荒天の後に砂浜に打ち上げられるらしい。ある一時期のものであり、ほかの時代と考えられる製品の混入はほとんどみられなかった。近くの海中に難破船が沈んでいるか、遭難船が投荷したものが沈んでいるのではと想像された。

いずれにせよこの一括陶磁片でありがたかったのは、色絵の碗などがかなり含まれ、瑠璃地に金銀彩の香合《こうごう》（香を入れる蓋付の器）などもあったことである。

色絵碗を見ると、外面に菊唐草文《きくからくさもん》を描いたものが多く、その表現はインドネシアから招来された東京国立博物館所蔵の「色絵《いろえ》龍鳳文鉢《りゅうほうもんはち》」「色絵菊唐草文鉢《いろえきくからくさもんはち》」に似かよっていた。

一九五九年に古伊万里調査委員会の『古伊万里』（金華堂）が刊行された頃は、この東京国立博物館所蔵の二鉢がもっとも早い時期の色絵とする考え方が主流であったらしい。結局は、「柿右衛門」と名づけた一群の色絵にこだわりつづけた結果、その色絵のより原初的な未完成なタイプであり、素地の面でもより未完成なものを想定していくと、これらの鉢に行き当たったのであろう。

また、同じくインドネシア帰りの龍鳳文鉢の龍鳳と似かよった染付の龍鳳見込荒磯文鉢もあったことから、両者が吹上浜で一括品として採集されたことは、インドネシア帰りの鉢も吹上浜の一括品と同じ頃の年代と考えられた。吹上浜一括品でもっとも多い見込荒磯文碗・鉢の年代は長吉谷窯の一六六〇年銘資料などから一六五五年が上限と推測されたから、インドネシア帰りの色絵鉢も一六五五年をさかのぼる可能性はないと推測できたのである。では、初期の色絵はどのようなものか、その追究がはじまった。

図16 ● 山辺田窯に多い染付大皿
30cm以上の大皿を主力製品とした窯場であった。
ふつうの大皿は高台の径が小さいのが特徴である。

山辺田窯の色絵の発見

一九八四年から「山辺田窯」跡出土品の本格的整理が有田町歴史民俗資料館で開始された。

一号～四号、六号～九号の八基の窯が一つの山の中で発掘されていた。一基ごとの出土品を広げ、分類した結果を比較し、共通する部分と違う部分を見いだす作業である。相互の関係を突き止めるのはかなり骨のいる仕事であった。そして、年代的には、四号→七号→三号→四号の上に廃棄した窯（六号か）→一、二号の順であることをつかんだ。

この作業の中で、三号窯出土品の中に、ほかの染付などとは異質の色絵素地の一群があることを発見した。染付の大皿類は、厚手で高台径も小さく荒々しい感じのする作りである（図16）。これに対し、異質の色絵素地は器壁は薄く、シャープな作りで、高台径は広く作られ、高台内に目跡が残るものもある。釉《ゆう》の色調も貫入《かんにゅう》がなく、より白い（図17）。

当初は年代の新しいものが混入した可能性も考えてみた。しかし、長吉谷窯などの大皿などとは異なり、内面に降灰が著しいし、外面に施釉時の指跡がみられるなど、一七世

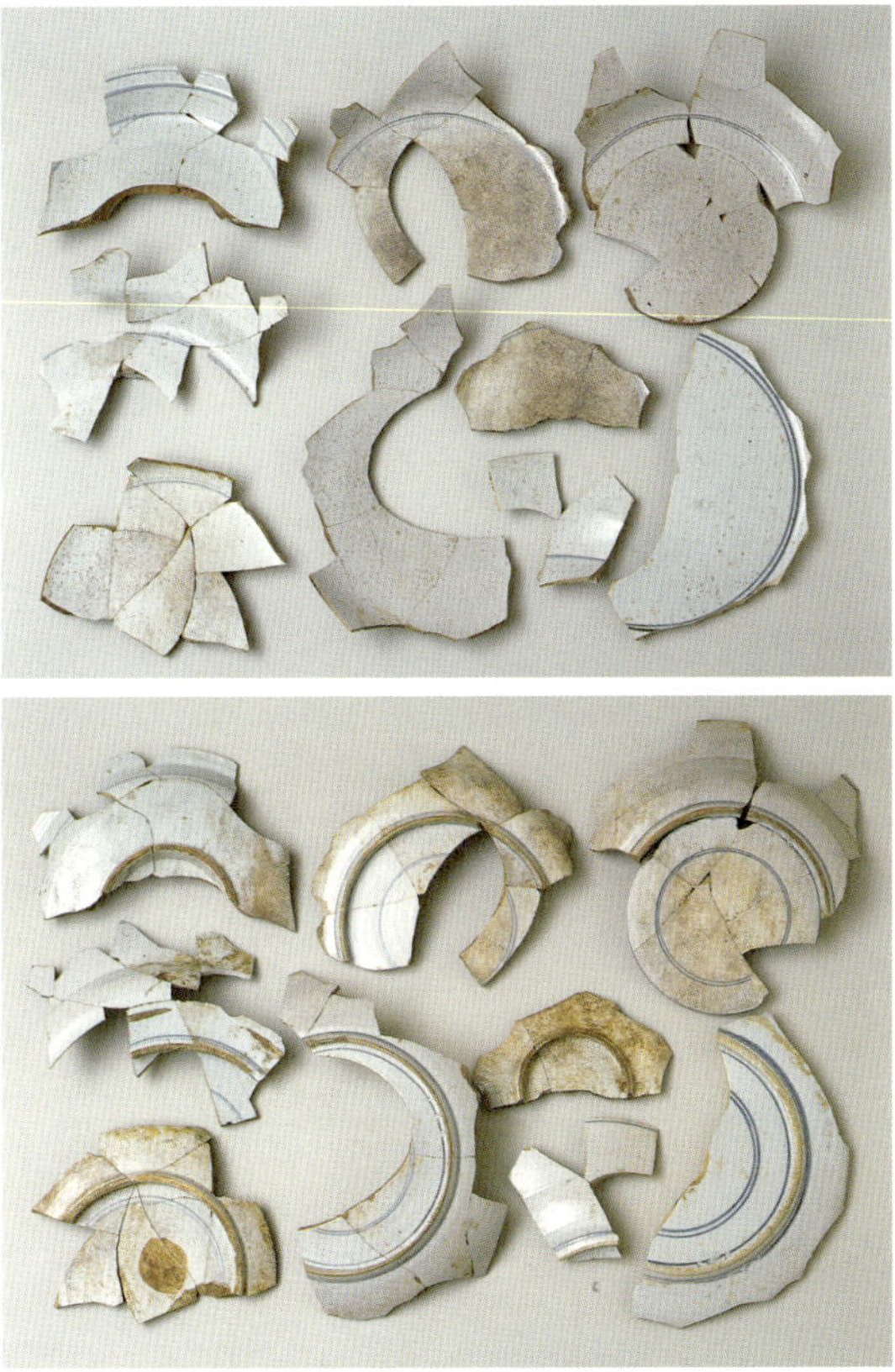

図17 ● 山辺田窯でかなり違う作りの色絵素地が出土
山辺田窯の中に高台の径が大きく、釉も白っぽく成形も薄手の一群があった。内面に文様が描かれていないことから色絵素地と推定できた。

紀後半のものより古式である。
一七世紀後半以降、上質の磁器を焼く際には、サヤという箱状の窯詰め道具の中に一点ずつ入れて焼くようになるから（57ページ、図24参照）、見込にこうした降灰の状態はみられなくなる。サヤに入れずに、裸で窯の中に置いて焼いたせいであることもわかった。また、高台内の目跡は、よくみると熔着した痕が茶色く、磁器の原料を用いた一六五〇年代以降のハリ（目）とは材質が違うことにも気づいた。

こうしてみると、後のものが混入したというよりも、異なる技術のものが同時期に焼かれたと考えざるをえなくなった。しかも、同じような特徴をもつ素地に色絵を施した大皿の小さな破片が一点発見され（図18①）、いわゆる初期伊万里の染付も焼く三号窯で色絵を製作した可能性ががぜん強まった。

つぎの問題は、三号窯の優れた色絵素地がつぎの年代と考える四号窯を物原とする窯や一、

図 18 ● 山辺田窯で出土した色絵の破片
山辺田窯跡群では「青手」のほか、五色くらいの色絵の具を使って文様を描く「五彩手」など、特徴の異なる色絵皿の破片が出土した。

二号窯にはほとんどみられず、色絵素地と考えられるものは少し違うタイプであった。ほとんどは粗放な作行の白磁皿で、それがかなりの量みられた（図19）。優れた技術はどこに消えたのか。

ところが、これらの窯で比較的大きな色絵片が発見された。四号窯を物原とした窯の出土品は、高台の高い粗放な白磁皿の外面に明瞭に雲気文《うんきもん》を描いたうえに、緑絵具が塗り埋められていた（図18②）。内面は地表面に露出して風化した感じで色は落ちていたが、痕跡が見え、虎とともに竹の文様があらわされ、全体に色が塗り埋められていたこともわかった。こうした特徴は従来「古九谷」といわれ、とくに「青手古九谷」と呼ばれる一群の色絵に共通することがわかった。

続けて一号窯でも大皿のかなり大きな破片を見つけたが、これも全面を緑などで塗りつぶし外面に雲気文

図19 ● 山辺田窯の中でも年代が下ると色絵素地の質は悪くなる
山辺田窯跡群8基の中で年代的に新しい2号窯では質の悪い白磁皿がかなり出土しており、そうした粗放な素地に色絵を施した陶片も出土していることから、染付と同じような陶工が色絵素地（白磁）を作ったと考えられる。

をあらわした、青手古九谷と呼ばれるタイプであった（図18③）。内面には青手にしばしばみられる木の葉が大きくあらわされており、素地の特徴は一号窯で出土している白磁大皿などに近いものであった。

この時、一九七三年の山辺田四号窯の発掘調査時点の三点の色絵片スケッチが残っており、そのうちの二点と接合しそうな形状であった。これらの色絵片はすでに山崎一雄に山辺田窯のものかどうかの化学分析が依頼されていた。山崎一雄は一九九一年の東洋陶磁学会でそれが化学分析の結果、山辺田窯のものであると判断されると発表した。

こうして一緒に出土している素地との肉眼観察による比較で、これらが山辺田窯産の色絵であることの可能性が高まった。発掘調査から一一年も経っていた。

その後の山辺田窯周辺の工事にともなう小規模の調査でも、数十点の色絵片が出土しており、窯跡群の下の平地部に細工場があり、色絵もこのあたりで作られた可能性が高い。

肥前で古九谷が焼かれた

山辺田窯産の色絵の年代については、一緒に出土した染付などの特徴から推定できた。それぞれの窯の操業年代は、三号窯は一六三〇年代から四〇年代、四号窯を物原とする窯の製品は一六四〇年代から五〇年代の早い時期、一、二号窯は少し古式の見込荒磯文鉢をともなうので一六五〇年代から六〇年代の早い時期までが想定された。山辺田窯の採集品ではこれより新しい要素はなかったから一六六〇年代には廃窯になったと推定された。こうした年代推定ができるのも今だからであり、整理するまではわからなかったのである。

この年代推定は古九谷にとって重要な意味をもっていた。つまり、山辺田窯では三号窯で色絵が焼きはじめられたと考えられるから、その年代は一六三〇〜四〇年代のうちと推定された。さらに記録などを考え合わせると、一六三〇年代の可能性はないから、一六四〇年、とくに四〇年代後半と推測される。ここで出土した色絵の特徴は、どうみても従来「古九谷」とされてきた色絵の一種で、祥瑞手《しょんずいで》とか南京手《なんきんで》と呼ばれたグループの色絵であった。すなわち、古九谷とされた色絵の一部にしても一六四〇年代にさかのぼることが証明されると、従来、石川県の九谷古窯の開窯年代は一六五六年頃と推定されていたから、九谷古窯がまだはじまる前に、すでに古九谷が焼かれていたという大きな矛盾が生じるのである。

素地を肥前から買ってそれに絵付けしたという素地移入も、年代が同じであってはじめて成り立つ推論であった。古九谷を焼いたとされてきた九谷古窯がはじまる前に、すでに肥前・有田で古九谷といわれてきたものが焼かれていたことが明らかになろうとしていた。

4　窯の構造とその変遷

割竹式登窯

こうして発掘調査の結果や出土品の整理を徹底的におこない、それぞれの位置づけを仮定したが、それでも江戸時代を通じての肥前陶器・磁器それぞれの変遷となると、なお資料的に不足して不明確な部分が多かった。

　そこで、出土品の整理の後は、不明確な部分を中心に適切と推測されるいくつかの窯の発掘調査を実施した。そのうち陶器草創期の窯として、北波多村の岸岳城下の帆柱窯《ほばしらがま》を選んだ。白濁した藁灰釉《わらばいゆう》を主に用いた窯であり、窯構造が「割竹式登窯《わりだけしきのぼりがま》」（図20）であることを確認した。

　ここで肥前窯の窯自体の構造と変遷について述べておこう。中世の小規模な単室の窯に対して、肥前の窯は多くの焼成室が連なる大規模な窯であった。その築窯技術は、朝鮮の技術者がもたらしたと考えられる。最初は北波多村の帆柱窯などにみられるように、割竹式登窯の技術がもたらされた。しかし、叩き成形技術をもった陶工集団は、異なる構造の「単室登窯」をもたらしたことが北波多村の皿屋上窯《さらやうわがま》で発見された。割竹式と単室登窯との違いは、前者は長い登窯の中を仕切るように壁が作られ、複数の焼成室に分けられ、焼成室ごとに製品を詰める場所（砂床《すなどこ》）と、薪をくべて

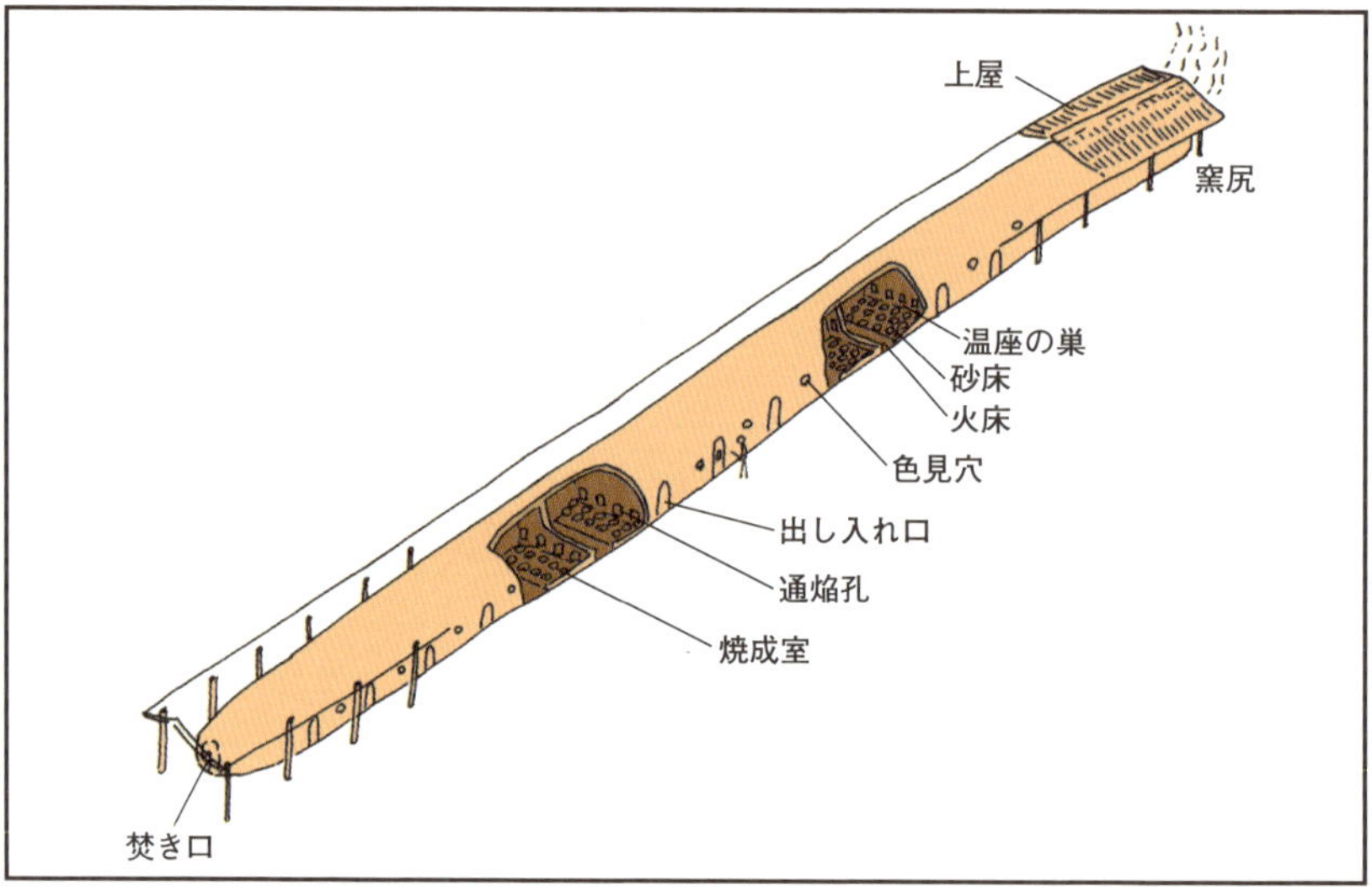

図 20 ● 肥前の割竹式登窯模式図
天井部にくびれはなく、焼成室間に隔壁をもつため、あたかも竹を縦に半分に割って伏せたような構造で、割竹式と呼ばれる。肥前の場合、初期の陶器窯でみられる。

焚くスペース（火床《ひどこ》）があり、仕切る壁にはつぎの部屋に火が通る通焔孔《つうえんこう》が、四個以上設けられる。後者は焼成室の中に仕切はなく一体化している。したがって構造上、長い窯は作りにくかったと推測される。

現在のところ、単室登窯は肥前地域ではほかになく、したがって最初に叩き成形技術の集団が、自分たちが朝鮮半島でおこなっていた技術をそのままもたらしたと考えられる。ところが、肥前の中で、叩き成形技術集団も轆轤成形技術集団と一緒に作るようになるなどから、量産向きの割竹式登窯で焼くようになり、後に叩き成形だけの壺甕生産窯が設けられても、轆轤成形の窯と同様の連房式登窯《れんぼうしきのぼりがま》（図21）を築くことになる。

さて、その後、秀吉の朝鮮出兵後に鍋島軍が連れてきた朝鮮の陶工たちが、新たな技術をもたらしたと考えられる。窯についても、金ヶ江三兵衛が有田に入る前、多久《たく》にいたときに、陶器生産にかかわったとされる唐人古場窯《とうじんこばがま》の調査で、従来、発見されていた肥前の窯とは特徴が異なる、焼成室間の段差がない割竹式登

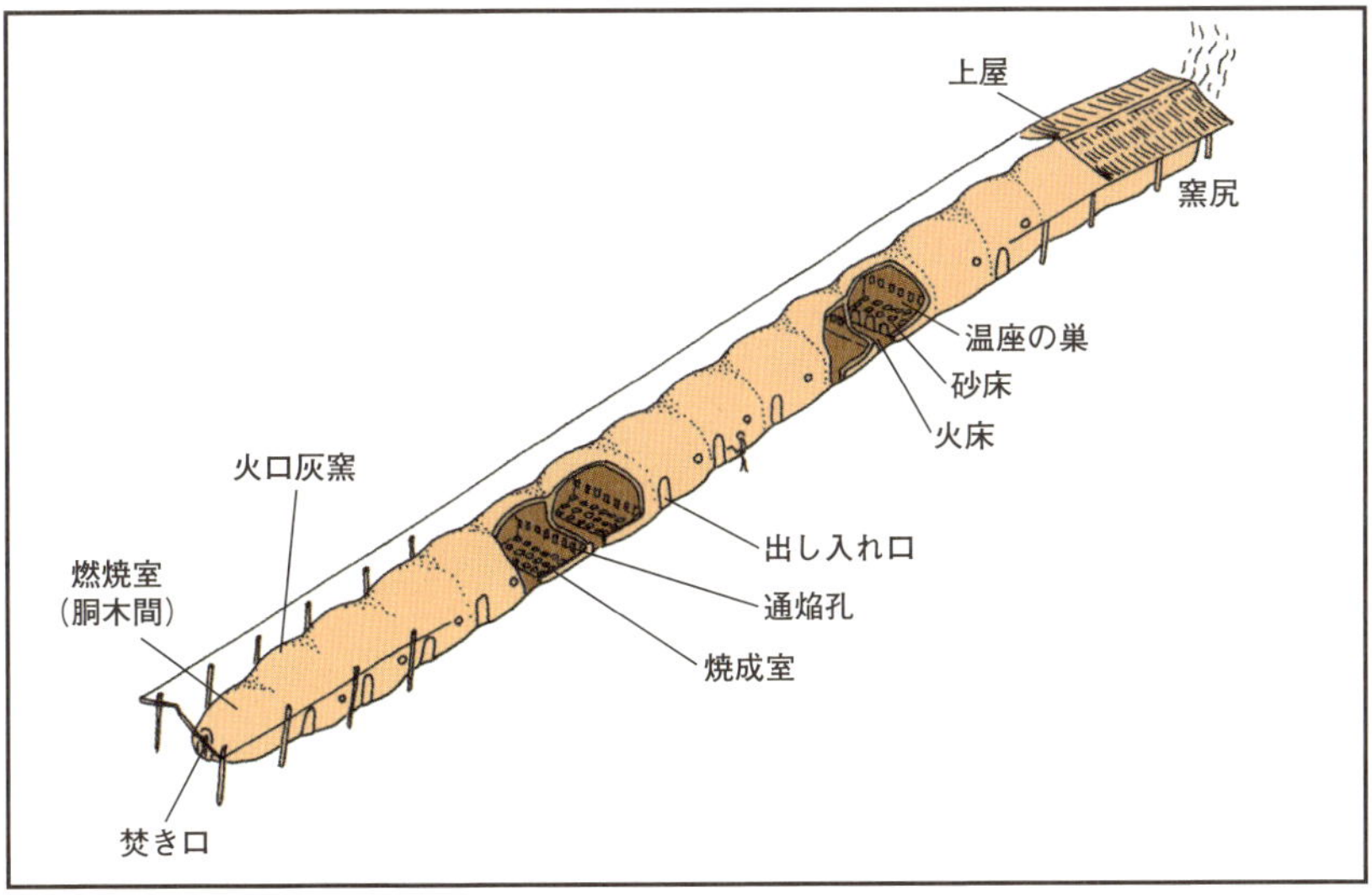

図21 ● 肥前の連房式登窯模式図
焼成室間の天井部はくびれ、側面は胴張りとなる。有田あたりで磁器を焼きはじめた窯はこの構造になり、次第に大規模化していく。

窯であることが明らかになった。つまり、従来の段差がある割竹式登窯より朝鮮的な登窯なのである。

連房式登窯

このように一五八〇〜一六〇〇年代の草創期には、朝鮮半島から異なる陶工集団が異なる窯構造をもたらした。それが肥前のなかで次第により優れた窯に統一されていく。一六一〇年代までには「連房式登窯」が出現し、肥前式登窯として江戸時代を通じての窯構造となる。割竹式が竹を割って伏せたような形態であるのに対し、連房式は焼成室一室ごとが穹窿《きゅうりゅう》状に作られ焼成室間はくびれる。

肥前の窯は、割竹式段階では窯幅が二メートル以下で、焼成室は幅より奥行が長い平面縦長プランの窯である。こうした窯が韓国で確認されている連室の窯構造にもっとも似かよっている。それが連房式になる頃には、一焼成室ごとの平面が正方形に近くなり、一六三七年以後には逆に幅のほうが大きくなり平面横長プランとなる。

窯構造は窯幅が大きくなるとともに、勾配が次第に緩くなる。勾配が緩くなることとかかわりがあるのは占地である。草創期のように窯の勾配が強い段階には山の斜面に直交するように

図22 ● 連房式登窯の調査例
磁器を焼きはじめた頃の有田の一般的窯。天井が壊れてなくなり、床面近くが残る。焼成室間の段差があるので階段状に見えるが、実際は隔壁があるので、当時は階段のようには見えなかった。

窯を築いた（図22）が、一六三七年以後の窯になると緩い斜面が得られればよいが、斜面の勾配が急な場合には、斜面に対して斜めに占地するようになる。斜めに築くためには斜面の高い側を掘削して壁を作り、雨水が流れ込むのを防ぐために、排水溝を段裾にめぐらせた。

窯の時代変遷の特徴

窯の時代変遷でわかりやすい特徴としては、焼成室の平均幅の拡大がある。窯の拡大は長大な登窯の全体にわたって一様に進んだのではなく、連房式登窯のうち焚口の規模はそれほど変わらず、上方に登るにしたがって窯幅が拡大する傾向がある。そのため焼成室数の少ない窯、つまり一〇室以内のような小規模な窯では胴木間《どうぎま》（燃焼室）から窯尻までの窯幅が拡大し、扇形にみえるような平面プランとなる。一八世紀前半頃の松浦皿山窯（長崎県松浦市）はその早い時期のものであり、江戸後期の例には須恵窯《すえよう》（福岡県粕屋郡須恵町）、平原窯（宮崎県延岡市）など例は多い。

このように焼成室幅は下方の焼成室の幅はそれほど大きくならないのに対し、年代が下るほど窯の上方と下方の焼成室幅に差が開く傾向があることや、窯の焼成室数が有田辺では一七世紀前半でも一〇数室がふつうであり、一八世紀以降では二〇室以上が多いことから室数が一〇室以下の地方窯と単純に比較が難しいのである。つまり同時期の窯の焼成室幅を単純に平均計算すると、焼成室数の少ない窯の場合は、登窯の下部の幅の狭い部分の割合が大きいため、平均幅は小さくなり、逆に室数の多い窯では、上部の幅の広い部分が大きな割合を占めるために平均値は大きくなる。

この平均値の大小が意味するものは生産規模の差なのである。それならば連房式登窯のうちの同じ位置の焼成室間で比較すればよいのであるが、一八世紀以降の窯全体を調査した例は少ないので、そうした比較は現在のところ困難なのである。よって焼成室幅を比較するに当たって、つぎのような操作を加えた。

①胴木間およびそれに続く焼成室三室分は除く。これらの位置が明らかでないものは地形などから推測した。

②焼成室の幅・奥行のどちらか一方のみが判明した室の場合も、その判明した一方の数値は採用する。

以上の基準で肥前窯の窯の変遷をみると、図23のようになる。

一五八〇〜一六一〇年代の窯では、焼成室の平均幅が一メートル台と小規模であったが、一八世紀後半〜一九世紀には七・一〜八・五メートル程度と大規模化し、長崎県波佐見などでは三〇室以上で全長一〇〇メートルを越す長大な登窯も出現する。

このように大規模化した登窯も明治維新で藩がなくなり、民間ベースになると共同窯は解体し、個々の窯元が小さな単室窯を平地に作るようになり、巨大な登窯は姿を消した。

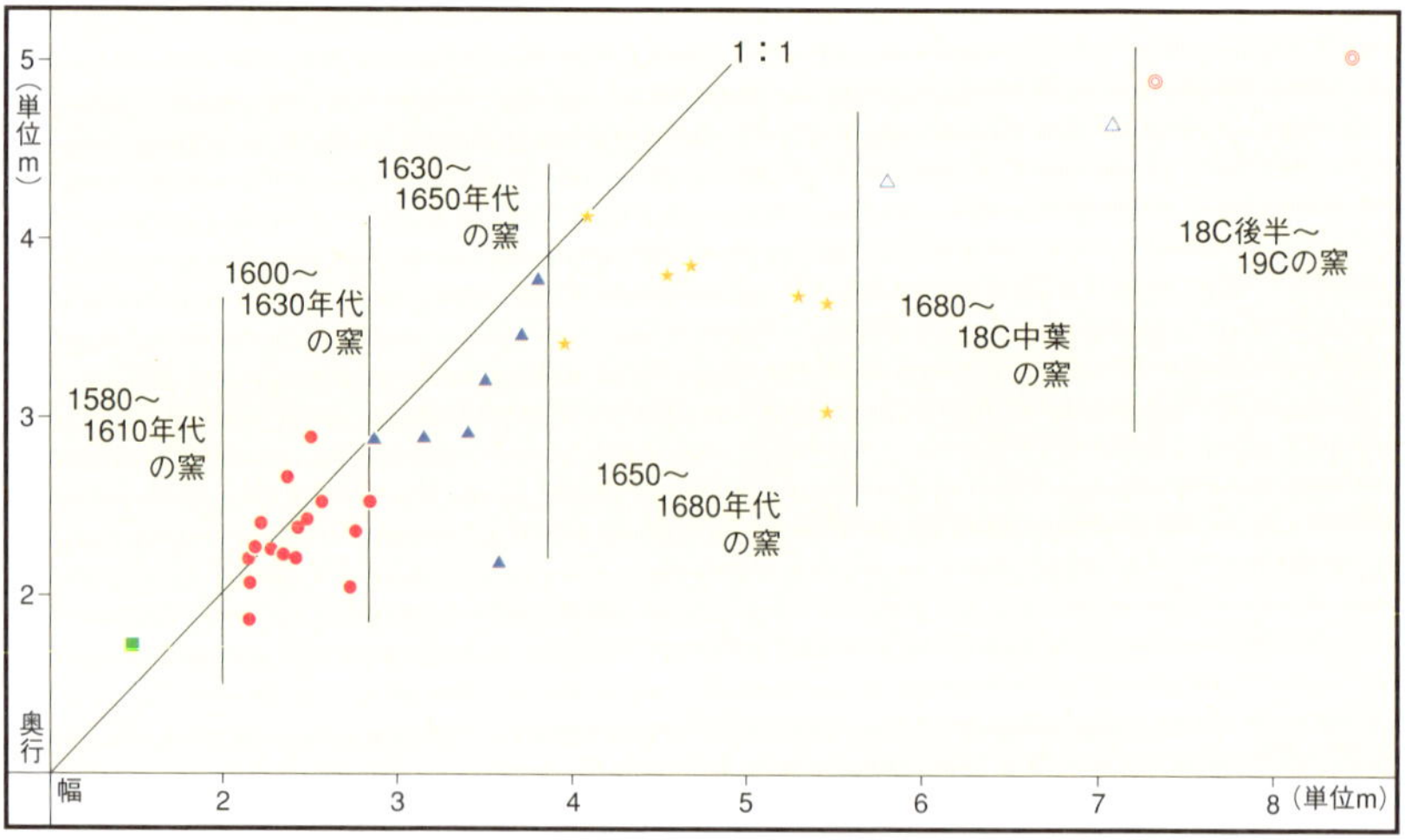

図23 ● 肥前窯の焼成室規模（平均）の変遷

窯の経営

このように江戸時代の肥前窯は長大な登窯であり、多くの焼成室が連なる構造であった。こうした大きな窯を一つの陶工集団（現在の窯元《かまもと》と同様の形態と考えられる）が経営することは難しく、いくつかの陶工集団が共同して経営する共同窯であった。

一人の窯焼《かまやき》（窯元の経営者）が藩の許可のもと、焼成室一室ないし三室を所有するのが一般的で、それにかかる税を藩に支払った。

有田の窯焼数は、一六三七年の窯場の整理・統合事件の後、一六四七年頃には一五五人であったが、一七六三年までの間に、藩から交付される許可証である「窯焼名代札」が一八〇枚に限定されている。このように一八世紀後半以降増加しているようであるが、これも窯規模の巨大化と生産量の増大に関係があると考えられる。窯焼数制限のねらいは、過当競争で製品の品質が悪くなることを防ぐためと考えられている。

窯の組織は、有田の場合、経営者である窯焼の下に車《くるま》（轆轤）細工人《さいくにん》、絵書《えかき》がいて、ほかに「荒仕子《あらしこ》」と呼ばれる雑役をおこなう職人などからなる陶工集団で、徹底した分業生産がおこなわれた。そして窯焼が陶石の購入から焼成に至るまでの管理をおこなった。

窯の経営にとって、火災や窯の損壊などが発生すると、窯の改修や築き直しなどが必要となり、大きな負担であった。築き直しの資本がない場合、藩から借金をすることがあり、返済には築いた窯のうち焼成室を決めておこなった。つまり返済のための焼成室をあらかじめ定め、何回分かの製品で返済したのである。

この長い窯を薪で焚いて製品を思った通りに焼き上げるのは、やはり熟練の職人仕事であった。この職人は「窯焚き」と呼ばれ、窯を焚く仕事を専門として方々の窯をまわったという。当時は火の色を見ながら薪の量を加減して火度の調節をおこなう、まさに経験による熟練を要する仕事であった。窯焚きに失敗すれば大損害を蒙ることになったのである。

江戸時代の燃料はすべて薪であったから、大窯業地有田で必要な薪の量は莫大なものと推測できる。一六三七年の窯場の整理・統合事件も陶業者が薪を採るため山を切り荒らすことを藩は理由としたことでもわかる。

薪の調達には陶業者たちも苦労したようである。佐賀藩は山林を保護・管理しながら、窯業への薪払い下げにも意を払ったが、生産量が増えていくと領内だけではなかなか必要量を調達しきれなかったらしい。薪は松がもっとも良かったらしく、一七八五年の記録によると、とくに青磁や瑠璃釉磁器を焼くには松材が必要であったという。唐津・平戸領より松木を買い入れていたことが記されている。他領より薪を買い入れる一方で、薪を領外に売り渡すのは禁ずるなどして、燃料の充足に意を払った。

5　技術発展の流れの解明

胎土目積み段階の製品と技術

さて、話を発掘調査に戻そう。先に述べたように、陶器草創期の窯、北波多村の岸岳城下の帆柱窯では、白濁した藁灰釉を主に用いていた。その後、藁灰釉製品は肥前では胎土目積み段階の末期には消えたと推測された。しかし、岸岳系諸窯からどのように消えたかの資料を得るために、伊万里市「大川原《おおかわばる》一号窯跡」を発掘した。

出土した製品は藁灰釉碗・皿が多く、目積みは胎土目積みが確認された。叩き成形の陶器壺・甕・瓶類も岸岳系諸窯のそれと類似している。その一方で、鉄絵の皿や胎土目積みの特徴は南へと広がる肥前陶器諸窯の胎土目積み段階の窯のものと似かよっている。窯道具はトチンとハマだけであり、サヤはない（図24）。そして道具の上面には籾殻が熔着し、製品の底部にも籾殻の熔着痕が認められる。

窯構造は床面の勾配が一〇度と比較的急であり、奥壁の段差は一六センチほどと低いのも帆柱窯など岸岳系の窯に近い特徴をもっている。側壁がやや胴張り気味になっており、割竹式の可能性が高いにしても断定は困難であった。

以上のように、岸岳系諸窯が一五九三年の波多氏改易で離散したと考えられたが、その南への拡散の窯の一つが大川原窯と推測できたのである。

ハマ　トチン　サヤ

図24 ● 肥前陶磁器窯でみられる主な窯道具
肥前陶磁器の窯詰めに用いられた窯道具は、江戸初期からハマ、トチン、サヤがあり、17世紀後半以降は形態など種類が増える。また当初は耐火粘土を用いたものだけであったが、17世紀後半からは高級品を焼く窯では磁器土を用いた道具もみられる。サヤは陶器には使われず、磁器の出現とともにあらわれる。

つぎに、肥前一帯に広まった肥前陶器窯のなかで胎土目積み段階があったことを確かめるために、砂目積みが出土しない窯として西有田町の「小森窯」を発掘した。

この窯では藁灰釉はなく、灰釉と白い長石釉《ちょうせきゆう》、透明釉、鉄釉などであり、胎土目積みだけで砂目積みがみられない。鉄絵装飾がおこなわれていた。窯詰め道具はトチンとハマであり、サヤはまったくみられない。道具の上には熔着を防ぐため籾殻を敷いたものが多く、製品の高台周辺にも籾殻の熔着痕が認められる例は多い。一六三七年以降の磁器だけを焼く段階の窯では砂を敷くようになり、籾殻を敷く例は消えるのである。

窯構造は奥壁の高さが八〇センチほどと高く、焼成窯の側壁も胴張り状であり、割竹式でなく連房式と考えられる。床面はまだ九度の勾配をもっていた。

以上、胎土目積み段階の製品、窯道具、窯構造の特徴を確かめることができた。

移行期の製品と技術

胎土目積みから砂目積みへの移行がだんだん進んだことについては天神森窯、山辺田窯、原明窯などの従来の調査結果からも推測されたが、あらためてそれを追証する作業として、有田町「小溝上窯」を発掘した。後世の記録によると、「小溝」は金ヶ江三兵衛、家永壱岐守《いえながいきのかみ》が泉山《いずみやま》の石場発見前にいて、焼物生産をしていたとある。

調査の結果、一、二号窯と名づけた二基の窯が重なって発見され、一号窯が古く、それが壊れると少しずらした位置に二号窯を作り直したことがわかった。新旧の一、二号窯は砂目積みの陶器と染付磁器が出土しており、砂目積み段階の窯と推測できたが、この窯の西側に形成されている物原の調査では、もっとも下の堆積層では胎土目積みだけで砂目積みがみられない層があった。よって一、二号窯以外により古い胎土目積み段階の窯が別にあると推測でき、小溝窯としては胎土目積み段階から砂目積み段階に移り変わった窯であることがわかったのである。

一号窯の最後の焼成によるとみられる砂目積み陶器皿はいわゆる溝縁皿であった。この砂目積み陶器溝縁皿は一六三七年の窯の整理・統合事件を境に姿を消すとみられたから、一、二号窯の下限も一六三七年頃と推測される。

磁器は染付がほとんどであり、青磁がわずかにみられる。銅顔料で釉下に紅い文様をあらわす「辰砂《しんしゃ》」もある。染付には砂目積みの磁器があり、その中に見込を蛇目釉剥ぎ（26ページ、図5参照）したものがある点は天神森窯、山辺田窯などの砂目積み磁器皿と同様である。天神森窯、山辺田窯、原明窯などの整理によって、ある程度描けていた磁器草創期の製品の特徴をあらためて裏付けることができた。また窯道具にはトチン、ハマ以外にサヤが出土していることから、サヤが磁器焼成とともに出現することを裏付けた。

磁器草創期の試行錯誤

つぎに、砂目積み段階の窯として有田町西部地域の「清六《せいろく》ノ《の》辻窯《つじがま》」を発掘した。この窯は金ヶ江三兵衛が関わった窯と伝えられており、その後「清六」という朝鮮人陶工が製陶に従事したとされている。

この窯（二号窯）は砂目積みの陶器溝縁皿が主製品であり、ふつうの灰釉だけのもののほかに、鉄釉と灰釉を掛け分けたものもみられた。そして染付磁器が出土しており、窯道具にサヤもみられる。二号窯最終の焼成によると考えられる床面出土品は陶器溝縁皿と碗であった。

この窯では質的に磁器ともいえないような素地で、型打ち成形によって菊花や輪花形に作られた皿がいくらか出土した（図25）。型打ち成形は磁器とともにあらわれると考えられ、肥前陶器には基本的におこなわれなかった技法であり、その意味からも清六ノ辻窯のこの皿は磁器の技術者が作ったものと考えられる。そして磁器とも陶器とも分類しかねるような胎質であるのも、磁器草創期の試行錯誤の時期の様子をうかがえるものである。この種の皿は砂目積みの痕跡がみられるものが多い。砂目積み段階になり磁器誕生期の試行錯誤の時代に当たると考えられ、一六三七年の窯場の整理・統合事件で取りつぶされた有田の七カ所の窯場のうちの一つと考えられた。

窯構造は床の勾配が二〜五度で奥へと上っており、焼成室平均幅は約二・七メートルであることなど、砂目積み段階の窯構造の特徴を確かめることができた。

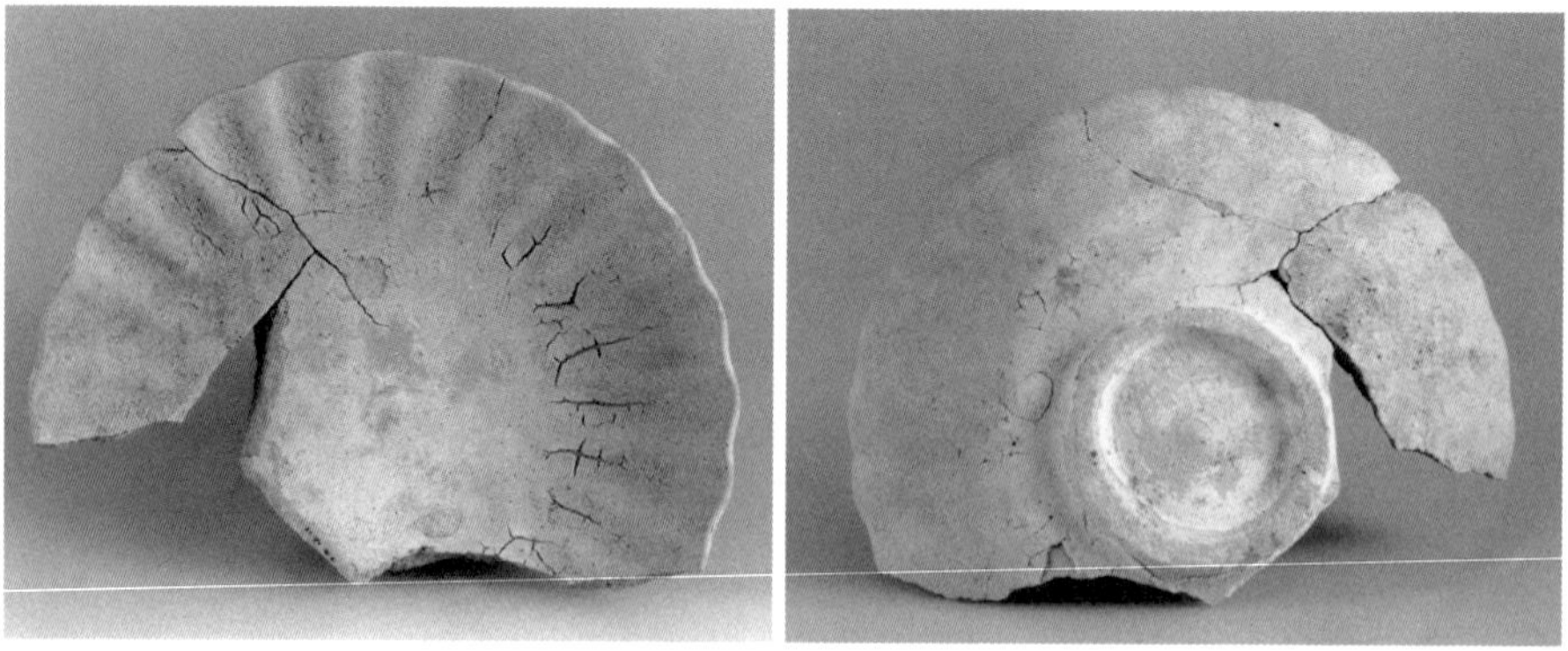

図25 ● 質的には磁器と識別しにくい皿
焼成が不十分で失敗したものであり、表面の白っぽいのが透明釉である。型打ち成形は陶器では基本的におこなわれず、磁器は草創期からみられる。その初期の例。

一六四〇〜五〇年代に技術革新

一六三七年以前の窯の例が増える中、一六三七年の事件で一三の窯場に統合したが、この事件直後の窯の特徴を押さえる必要があった。一六三七年の事件の前後にまたがる窯として山内町「百間窯《ひゃっけんがま》」、以後の窯として山内町「窯ノ辻窯《かまのつじがま》」の調査がおこなわれた。

両窯は板ノ川内山《いたのかわちやま》という同じ小さな谷間に並存していた。百間窯では砂目積み陶器溝縁皿が少量出土しているなど一六三七年以前の様相がみられたが、最終の床面出土品は鉄釉陶器溝縁皿や、一六四〇年代末か五〇年代初頭と推測される染付皿、高台無釉の白磁小坏《しょうはい》などであった。この鉄釉陶器溝縁皿は鉄釉であることなど、一六三七年以前の砂目積み陶器溝縁皿とは異なると考えられる。

隣りの窯ノ辻窯は砂目積み陶器溝縁皿はみられず、百間窯より操業期間は短い窯であると考えられた。製品の比較からはもっとも新しいと考えられる製品が同様の特徴をもつことから、両窯は同じ頃（一六五〇年前後）に廃窯になったと考えられた。山辺田窯にも共通する特徴が多かったが、山辺田窯でみられた染付荒磯文碗・鉢がまったく出土していない。

となると、この百間窯、窯ノ辻窯と、荒磯文碗・鉢をさかんに焼いた長吉谷窯の間に位置する窯の調査が必要であった。そこで窯ノ辻窯の隣りの「ダンバギリ窯」と有田町「楠木谷窯《くすのきだにがま》」の調査がおこなわれた。

これによって肥前磁器は一六四〇〜五〇年代に技術革新が進んだことが明らかになった。

窯詰め時にハリ支えを用いる技術がはじまり、窯道具が大きく代わり、より中国的となることである。この時期の著しい技術変化が従来わからなかったために、正しい年代変遷が認識できなかったのである。従来は、色絵のはじまりなど製品上、顕著な技術変化（様式変化といったほうが適切かもしれないが）については注目されてきたが、こうした焼成技術やそれにともなう窯道具などの変化については関心がもたれなかったのである。

肥前磁器の中でもすでに調査された嬉野町不動山窯の出土品は材質的にかなり違うものであった。こうした地域差、とくに鍋島藩は本藩に対して小城《おぎ》、鹿島、蓮池《はすのいけ》の三支藩があったが、こうした支藩領の窯の製品との差がどの程度あるのかを調べるために、嬉野町「吉田二号窯」の調査をおこなった。

その結果、蓮池支藩領の吉田窯が一六五〇年代頃に有田の技術によってはじまったことが明らかになったが、材質的には有田磁器と異なり、質の悪いものであること、文様の中に有田ではみられない「印判手」など中国・漳州《しょうしゅう》窯磁器を手本としたものがあるなど、支藩領の窯での磁器生産の姿勢を知る資料が得られた。

出土した碗・皿は、有田における荒磯文碗の盛行期のものより古い意匠・器形のものがほとんどであった。しかし、周辺では荒磯文碗・鉢も出土しており、色絵素地となる白磁中・大皿と、それに色絵を施したものが出土するなど、総合的にみれば、一六五〇年代から荒磯文碗の盛行期に窯の操業期があったことがわかった。

不動山窯は荒磯文碗の盛行期だけで終わった窯である。荒磯文碗盛行期が終わると廃窯に追い込まれた窯場は少なくない。東南アジアでの出土状況なども考え合わせると、一六八四年、中国が展海令によって再び磁器輸出を本格化し、東南アジア市場を奪われた肥前では、東南アジア向けの比重が高かった窯は廃窯に追い込まれたのであろう。

その後の技術変遷を解明

つぎに問題になるのは、荒磯文碗・鉢の生産がいつ終わるかであった。その時期の窯として、有田町南川原の「南川原窯ノ辻窯」と「樋口窯」を選んだ。

両窯の調査で、荒磯文碗・鉢が多量に出土した長吉谷窯、不動山窯などではみない「見込五

図26 ● コンニャク印判装飾法
肥前磁器におこなわれた印刷装飾法の一つ。技法の実際は不明であるが、径約9 cm以下の文様単位のハンコに呉須を付けて器面に押捺して染付文様をあらわす。筆で描くより、はるかに施文時間を短縮できたし、熟練も必要がなかったため、有田ではじまったあと周辺の日常雑器窯に普及した。18世紀後半には衰退し、19世紀初頭には消えた。

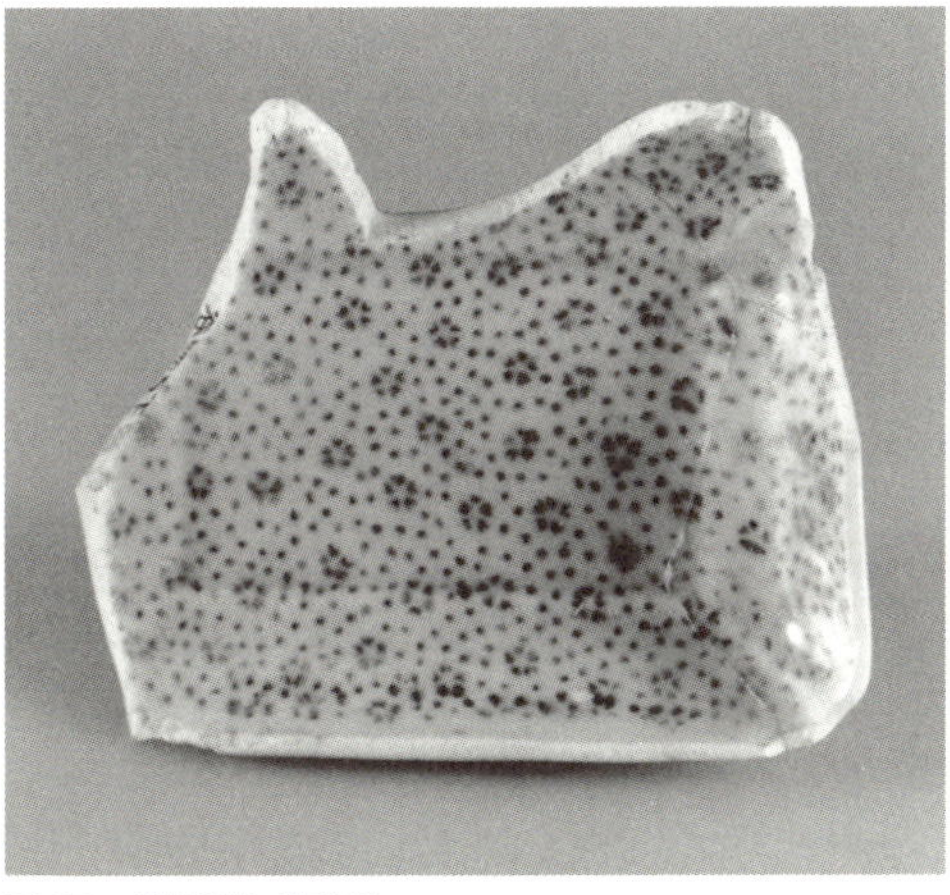

図27 ● 型紙摺り装飾法
文様部分を切り抜いた型紙を用意し、それを器面に当てて呉須を刷り込む。型紙を外すと文様が残る。染付の型紙摺りは1670年代頃から18世紀前半にかけておこなわれ、白土を用いた型紙摺りは17世紀前半から18世紀前半にかけて一部の窯でおこなわれた。明治になると染付の型紙摺りが再び流行し、大正頃まで瀬戸美濃など広く各地の窯でおこなわれた。

弁花文」の製品が多数出土し、樋口窯では「コンニャク印判」（図26）の製品も出土し、この層では荒磯文碗・鉢は出土しないことが確認された。またコンニャク印判の製品が出土した層より古い層で荒磯文碗・鉢が出土し、一緒に「型紙摺り」（図27）の鉢が出土することが確認された。このようにして荒磯文碗・鉢から五弁花、コンニャク印判の製作へと移っていくことが調査で押さえられていったのである。

また、南川原窯ノ辻窯でも、荒磯文碗・鉢がなく、五弁花文が多くみられる堆積層があり、さらにそれより一つ新しい段階で「金襴《きんらん》手《で》様式」（口絵⑭）の色絵素地が出土することが確かめられた。つまり、色絵における柿右衛門様式から金襴手様式への変遷が層位的にとらえられた。こうした色絵の変遷は後に赤絵町《あかえまち》遺跡の調査でも層位的に裏付けられた。

その後、一八世紀から江戸後期の資料は少なかったから、西有田町「広瀬《ひろせ》向窯《むかえがま》」、有田町「小樽二号窯」「年木谷《としきだに》一号窯」、嬉野町「吉田一号窯」、塩田町「志田西山《しだにしやま》一号窯」の調査で、変遷の要所要所の製品、窯道具、窯構造の特色を明らかにすることができたのである。

こうして江戸時代における肥前陶器、磁器の編年の基本、いわば骨格ができあがったのである。以後は、各市町村教育委員会の古窯跡調査によって、肉付けともいうべき各部のより詳細な製品、窯道具、窯構造などの特徴が明らかになりつつある。

本書名

購入書店名　　市区町村

ご購読の新聞雑誌名
新聞　　雑誌

あなたのご専門
または興味をお持ちの事柄

ご職業
または在校名　　年令　　才

〔郵便番号〕

ご住所

ご氏名
ふりがな

●このはがきをご利用になれば、より早く、より確実にご入手できると存じます。

購入申込書

お買いつけの小売書店名と　ご自宅の電話番号を必ずご記入下さい。
ご自宅〔TEL〕

〔書名〕　　〔部数〕　　部

ご指定書店名	取次	この欄は書店又は当社で記入します。
住　所〔区・市・町・村名〕		

この申込書は**書店経由**用です。ご自宅への直送は**前金**で送料一回分310円です。

料金受取人払

本郷局承認

1244

差出有効期限
2005年12月
31日まで

郵便はがき

113-8790

377

東京都文京区本郷
2-5-12

〈受取人〉

新泉社

読者カード係 行

◆本書の発行を何でお知りになりましたか？

1. 新聞広告　2. 雑誌広告　3. 知人などの紹介
4. 小社の図書目録　5. 書評　6. 店頭で

◆本書に対するご批評・小社への企画のご希望など…

このカードをお送りくださったことは　ある　なし
★小社の図書目録を差上げますか　いる　いらない

第3章　肥前窯発展の姿

1　肥前窯の編年の確立

陶器の編年

ここであらためて考古学的調査によって明らかになった、肥前窯発展の姿をまとめてみよう。

胎土目積みから砂目積みへ　肥前陶器の編年に重要であったのは、窯詰めの際の目積みに胎土目積みと砂目積みの二種類があり、胎土目積みのほうが古いことを発見したことである。両者とも一六世紀の朝鮮の陶磁窯にみられるもので、朝鮮の陶工がもたらした技術である。胎土目積みは草創期からみられ、その後、秀吉の朝鮮出兵後に連れてこられた朝鮮陶工が磁器の技術とともに砂目積みの技術をもたらしたと考えられる。

この胎土目から砂目への移行は、窯跡での出土状況から慶長年間（一五九六〜一六一五年）にだんだん進められたと考えられた。しかし、その後、大坂城など消費地遺跡での出土状況では、一六一五年（元和元）大坂夏の陣以前には砂目がほとんどみられないことから、その頃までは胎土目積みが続き、砂目積みへの移行は遅れるのではないかとの見解が示された。

溝縁皿　砂目積み段階での主製品は、無文で透明性の高い灰釉をかけただけの溝縁皿である。これは一六三七年の伊万里・有田地方の窯場の整理・統合事件を境に姿を消したと推測される。

また、砂目積みの出現にあまり遅れることなく、大型品に関しては砂・胎土目積みと呼ぶ窯詰め法（図28）があらわれる。それと同時に装飾法では、銅の緑色釉と鉄の褐色釉で彩色した「二彩《にさい》手《で》」（口絵④）や、白化粧土で刷毛目装飾したり、白土を象嵌《ぞうがん》した「三島手《みしまで》」（口絵③）などが出現する。

以上のような轆轤成形による製品に対して、叩き成形の製品は壺、甕、瓶、片口鉢などがあったが、寛永（一九二四～四四）頃になると片口鉢は消え、瓶も少なくなり、壺、甕中心となる。器壁は厚くなり、内側面に残る叩き痕が同心円状から格子目状に変わっていく。

こうした特徴の製品によって、草創期から一七世紀前半の陶器の変遷が明らかになったのである。

京焼風陶器と青緑釉碗・皿　一七世紀後半になると、特徴的な陶器があらわれる。一つは「京焼

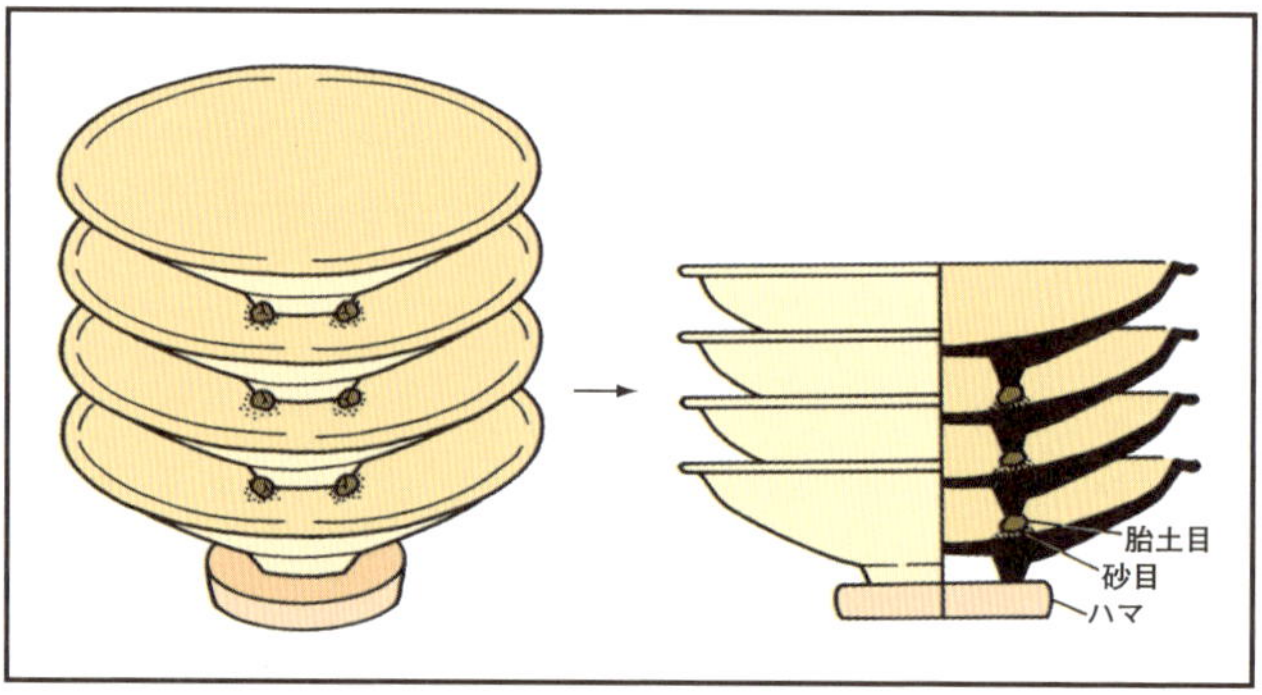

図28 ● 陶器の窯詰め法〈砂・胎土目積み〉
1610年代以降、砂目積みが陶器の窯詰め法の中心となるが、重量のある陶器の鉢、大皿などの場合、砂目積みで重ねると重さで砂目がつぶれて製品間の間隙を維持できずに熔着してしまう。そこで砂目の上に胎土目をのせて上の製品をのせることにより、目がつぶれることを防いだ。

風陶器」と呼んでいる、底部を無釉とし、高台内に刻印を押捺した碗・皿である（図29）。緻密な土を使い、鋭い削りで高台を作り、当時の京焼にならって高台内中央に浅く円刻し、その周囲に肥前では基本的におこなわなかった窯元銘と考えられる文字などの刻印を押したものである。

もう一つは、嬉野町内野山窯で量産された青緑釉《せいりょくゆう》碗・皿である。これは銅による高火度緑釉と透明釉を掛け分けたものであり、皿の場合、見込蛇目釉剥ぎし、直接重ね積みして量産し、より安い陶器として、全国的に流通した。この青緑釉碗・皿は一八世紀前半にかけて流通したが、一八世紀前半には新たに黒褐色の土を使い、その素地上に白化粧土を刷毛塗りした刷毛目陶器碗が主要な陶器として多く流通した。

叩き成形技術による陶器窯では、壺、甕に加えて一八世紀になると擂鉢が作られるようになる。逆に一七世紀にさかんに作られた轆轤成形の擂鉢が一八世紀に入ると消える。

以上のように主要な陶器の編年上の位置づけができたことで、肥前陶器の編年が明らかになったのである。

図29 ● 京焼風陶器
肥前陶器窯では基本的に製作者に関わるような印銘を施すことはなかったが、1650～60年代頃、京焼の影響を受け、高台内に印銘を押捺した陶器があらわれる。元禄頃にかけておこなわれ、18世紀に入るとまた消える。

磁器の編年

つぎに磁器生産の発展をみてみよう。

草創期　磁器草創期の窯はどの窯か、そして朝鮮のどのような技術によってはじまったのかを明らかにしたのは、砂目積みの磁器の存在であった。高麗茶碗を手本とした茶陶《ちゃとう》は別として、砂目積みの磁器は陶器の溝縁皿と一緒に出土したり、陶器溝縁皿と熔着している例が多いことから、一六三七年の窯場の整理・統合事件以前の製品であることが明らかになった。

一六三七年以前と以後の窯での製品の主要な違いは、一つは高台無釉の青磁、鉄釉、染付の碗が以後の窯であらわれ、しかも有田の場合、一六五〇年代に消えていくこと、つぎに青磁製品が以後の窯で一般的になることなどがあげられる。

一六四〇～五〇年代　この時期にあらわれる製品には、色絵および色絵素地がある。もっとも付加価値が高い色絵が一六四四年以降の中国磁器の輸入激減にともない輸入されなくなり、その代わりを作る必要が生じたためである（口絵⑦）。

窯詰め法では、一六五〇年代に新たにあらわれる製品には、皿などは「ハリ支え」が一般的にみられるようになる。青磁では、高台内蛇目釉剥ぎとし、窯道具のチャツを使って窯詰めする技法が出現する（26、27ページ、図5、8参照）。

一六五五年以降の重要な製品として染付見込荒磯文碗・鉢がある。第1章で述べたように、「万治三年」（一六六〇）の紀年銘をもった陶片が長吉谷窯出土品の多量の荒磯文碗・鉢の中に発見されたことによって、編年研究を一気に進めることになった。

荒磯文碗・鉢は肥前の多くの窯で焼かれた製品であり、東南アジアへの輸出用の代表的製品でもあった。この荒磯文碗・鉢は一八世紀に特徴的なコンニャク印判の装飾をもつ製品と共伴しないことが窯跡資料の中で確かめられ、下限は一六八〇年代と推測された。以前は、荒磯文碗・鉢は天狗谷窯で出土し、一八世紀中葉～後半頃の製品と考えられていた。しかし、これがほぼ一世紀古いとわかり、肥前磁器の編年の大枠ができあがるきっかけとなる発見であった。

一七世紀末～一八世紀前半　型紙摺り装飾の製品は、有田で一六七〇年代から一八世紀前半にみられた。コンニャク印判装飾の製品は、有田では一六九〇年代から一八世紀前半の中でみられたが、一八世紀には波佐見窯など広域の窯でおこなわれるようになり、波佐見などでは一八〇〇年頃まで残る。

文様では一六七〇～八〇年代頃に五弁花文が出現する。有田・南川原山の柿右衛門窯で初期と考えられるものがみられ、一八世紀に入ると広く肥前の窯で用いられた。

一八世紀の第2四半期頃から、底部を蛇目凹形高台と呼ぶ形状に作り（26、27ページ、図5、7参照）、チャツなどを当てて窯詰めする方法が盛んになる。

一八世紀後半　この時期になると、筒形の茶飲み用碗が有田であらわれ、一七八〇～一八一〇年代には広く肥前一帯でやや小型化した茶飲み用碗が多く作られた（図30）。磁器の碗・皿などが普及する

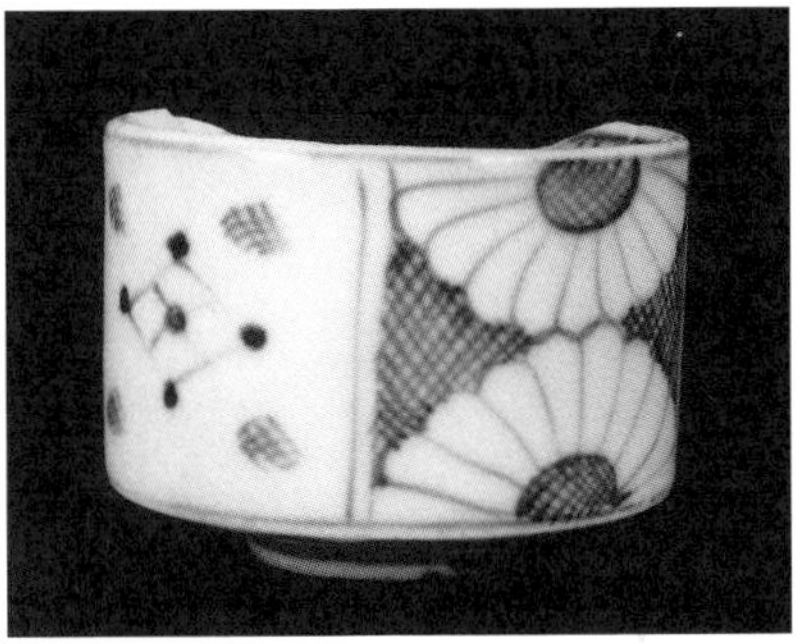

図30 ● 筒形碗
18世紀後半になると、磁器の普及の中で磁器食器の機能がより分化していく。碗では飯用と別に茶飲み用が作られるようになる。筒形と丸形の2種類があり、1810年代にかけて盛んに作られた。

中で、用途に応じた新たな磁器の器種分化が進んだ時期ともいえる。

こうした中で一七八〇年代頃に清朝磁器の影響を強く受けた飯用碗があらわれる。広東形碗《かんとんがたわん》と呼んでいるが、当時の記録にもしばしば「広東」とみえる（図31）。広東形碗の初期タイプと前述の茶飲み用の筒形碗の普及版タイプが一緒に出土することが多く、また肥前以外にも磁器窯が広がっていく中でこの特徴的製品がみられる。よってこの広東形碗の出現が肥前磁器の変遷を画する重要な製品といえる。

一九世紀前半　広東形碗は一九世紀前半で終わり、その流行期間の中ほどの一八二〇年代頃からは新たに端反《はぞ》り形《がた》と呼ぶ碗がさかんに作られるようになり、広東形碗に代わって幕末までの飯用碗の主流となる（口絵⑯）。

また、広東形碗とともにあらわれる特徴的な窯詰め法として、足付ハマを用いて重ね積みする方法があらわれる（26、27ページ、図5、7参照）。この方法で窯詰め焼成した場合、下の製品の見込に足付ハマの足の熔着痕が三〜四個程度残る。これはキズといえるからより安価な製品を作る方法としておこなわれた。

こうしたそれぞれの時期を画する特徴的な製品によって編年の大筋ができあがったのである。現在、肥前窯は、つぎのように五つに時期区分されている。

図31 ● 広東形碗
清朝磁器の影響で天明頃から19世紀前半にかけて流行した独特の形態の碗。当時、清朝磁器が輸出港の名をとって広東焼と呼ばれたために「広東」と名づけられた。

2　時期区分と国内市場の席巻

Ⅰ期（一五八〇～一六一〇年代）　Ⅰ期は、磁器がまだはじまっておらず陶器だけで、装飾は鉄絵が主であった。鉄絵陶器は比較的高級陶器で、九州から関西までと、日本海側の北陸・東北から北海道の道南地域までに多く出土している。一方、太平洋側は日本海側の流通ルートで下北や八戸地方まで運ばれたらしく、出土状況に差はないが、関東から岩手の間ではわずかに出土例があるに過ぎず、おおむね東日本太平洋側への流通は少なかったといえる。東日本太平洋側は中世以来、愛知県瀬戸窯、岐阜県美濃窯の陶器の碗・皿が主要な流通圏としていたために、新興の肥前陶器の碗・皿は簡単に入り込むことができなかったものと推測される。

Ⅱ期（一六〇〇～五〇年代）　Ⅱ期の前半は、無文の灰釉碗・皿が量産され多く流通した。とくに口縁部をN字状に折り曲げた溝縁皿と呼ぶ器形の皿が主となり、安い陶器として量産されたものとみられる。この時期は磁器生産がはじまり、高級品製作の装飾意欲は磁器に向けられたためであろう。

出土分布範囲には地域差が認められ、前代の絵唐津に比べて狭くなり、東北地方では太平洋側の福島、宮城、岩手ではみられず、関東、東海でもほとんど出土していない。関西でも瀬戸・美濃に近い滋賀県では出土例をみない。西日本では沖縄をはじめ南九州での出土が少ない。高級品の場合、輸送費をかけて遠隔地に運んでも採算が合ったが、安い陶器はそうではなかったのが理由として考えられる。

肥前磁器草創期には朝鮮陶工がもたらした技術である砂目積み磁器がみられる。この砂目積み磁器の出土例は、青森、山形、新潟、島根、大阪、福岡、長崎、佐賀などで少量ではあるが確認されている。磁器焼成に成功して間もない頃の製品が早くに広く流通していた状況が知られる。出土分布をみると肥前陶器の流通ルートにのって陶器とともに運ばれたものとみられる。

第2章で述べたように、一六三七年の窯場の整理・統合事件によって陶器溝縁皿は消え、肥前窯の食器生産は磁器中心となる。そして一六四四年、中国の明清王朝交替にともなう内乱で中国からの磁器輸入が激減し、磁器需要が肥前窯に集中することになる。肥前磁器窯は生産量を増大させ一気に国内磁器市場を席巻する。そのためこの時期になると東日本太平洋側や南九州にも広く肥前磁器の出土がみられるようになる。

Ⅲ期（一六五〇〜九〇年代） Ⅲ期になると、それぞれの地域の需要に応じてさまざまな文様・器形の磁器が作り出されるようになる。たとえば、それまで比較的出土量が少なかった沖縄でも肥前磁器の出土が多くなるが、それらは他地域ではみない染付網目文瓶など小振りの瓶の出土が目立つ。この理由として沖縄での墓地や祭祀との関係が推測できる。

また陶器は大型の深めの皿や片口鉢などが広く分布している。さらに、この時期から京焼風陶器碗・皿や内野山窯の青緑釉碗・皿のような陶器の食器が北海道から沖縄まで全国的に出土分布するようになる。こうした陶器の食器生産の盛行は一八世紀前半まで続く。

Ⅳ期（一六九〇〜一七八〇年代） Ⅳ期には、陶器の土を使用して白化粧を施した陶胎《とうたい》染付碗が、染付磁器碗より安価な碗として一八世紀前半を中心に多く作られるようになる。この出土状況も地域差があり、岡山中心に中国地方の山陽側など、出土量の多い地域がある。

またこの時期になると、南九州、とくに鹿児島、沖縄での肥前陶磁器の出土量は減る。この理由については、安永年間（一七七二～八一）頃と推測される史料に薩摩への他国の焼物搬入が禁じられていたとあり、薩摩・平佐焼《ひらさやき》の磁器生産を保護するなどが目的と推測されている。沖縄では、一六八二年（天和二）の壺屋統合により陶器の食器生産が本格化したために肥前陶器が減退したと考えられる。また沖縄の磁器流通は、清朝磁器が肥前磁器より多く出土する。この琉球王国時代の沖縄独特の出土傾向は幕末まで続く。

一八世紀中頃から、長崎県波佐見窯で「くらわんか碗」と呼ばれる厚手で粗製の染付碗が本格的に量産され、全国的に出土するようになる。こうした染付碗により、それまで高嶺の花であった磁器の食器が庶民にも行きわたるようになり、日常的に磁器の飯碗で食事をとる風景が一八世紀後半に到来したと考えられる。

Ⅴ期（一七八〇～一八六〇年代）　Ⅴ期の特徴的製品としては、一七八〇年代から一八四〇年代にかけての広東形碗と、一八二〇年代頃からあらわれ、次第に主流となる端反り形碗がある。こうした磁器碗は全国的に出土量が増大することから、需要の増大を知ることができる。

こうした磁器碗の需要増大の結果、各地で磁器窯を興そうとする動きがあり、肥前の技術が伝播していく。各地で肥前磁器と同様の器形の磁器生産がみられるようになり、消費地遺跡で出土する磁器には生産窯の特定が困難なものが多くなる。これらは産地は明らかでないが、肥前の技術が伝播したものであるから、現在「肥前系」としてひとくくりにしている。

第4章　世界へ輸出された肥前磁器

1　東南アジアへの輸出

海外輸出のはじまり

一九八〇年代までは、肥前磁器の海外輸出は一六五〇年頃にはじまると説かれ、輸出品は染付芙蓉《ふよう》手皿《でさら》、柿右衛門様式の色絵、金襴手色絵の大型の壺・瓶や大皿など、ヨーロッパの宮殿・邸宅に飾られていたものが紹介されてきた。年代も正確にわからず、ヨーロッパに渡ってから付けられた金属の蓋に刻まれた紀年銘や家財目録などを手がかりに、一部の年代がわかるだけで、それ以外の有田磁器の年代については半世紀くらいの年代幅でわかるだけであったり、誤っているものが多かった。

そうした中で肥前磁器の編年が明らかになり、製品の特色によって年代を確定できるようになると、海外輸出用磁器についても製作年代がかなり細かい年代幅でわかるようになった。

山脇悌二郎《やまわきていじろう》は、オランダ東インド会社の記録に、一六四七年（正保四）に長崎からシャム（タイ）経由でカンボジアに行く一艘の中国船に「粗製の磁器一七四俵」を積んでいたとあるのは肥前磁器であり、これが海外輸出のはじまりであると発表した。従来は、一六五〇年にオランダ船による輸出が伊万里焼輸出の最初と考えられていた。わずか三年遡っただけのことだが、一六四七年はいわゆる初期伊万里の時代であり、一六五〇年前後に著しい技術革新があり、朝鮮的技術から中国的技術に代わっていったので、一六四七年では製品に大きな差がある。

東南アジア王宮出土品の調査

筆者は一九八九年、はじめてインドネシアに調査におもむき、ジャワ島西部のバンテン王国の都、バンテン王宮遺跡出土の大量の陶磁器を見た。その中からわずか二センチ程度の肥前磁器の染付手塩皿を発見したのである。

手塩皿とは、わが国では古来より食膳で塩・酢・醤《しょう》など調味料を入れる口径三寸程度の皿で、中世までは土器で作られたらしいが、一六三〇〜四〇年代になって肥前磁器で作りはじめられたものである。これは明らかに日本国内向けの皿であり、編年的に一六三〇〜四〇年代のものであることが明らかな製品であった。日本国内の遺跡でも多く出土しているタイプの、この手塩皿が赤道近いバンテン王宮遺跡で出土したのである。

その後もバンテン王宮遺跡や、タイのアユタヤ王宮遺跡、ベトナム・ホイアン遺跡などの出土資料中で一六四〇年代に遡る肥前磁器を確認した。こうして肥前磁器の海外輸出が一六四〇年代にはじまったことが考古資料からも確実なものとなった。

考古資料からは一六三〇~四〇年代の年代としかいえないが、中国の明王朝が倒れ内乱状態となる一六四四年以降に海外輸出がはじまったと推測できる。この最初期の海外輸出は東南アジアに向けてであり、オランダ東インド会社の記録に「粗製の磁器」とあるように、中国・景《けい》徳鎮《とくちん》磁器に比べて厚手で粗製に見えたであろう「初期伊万里」であった。輸出向けに作られたものでなく、国内向けに作られたものから選ばれて買われ、輸出されたと考えられる。

中国の海禁令と肥前磁器の増大

海外での遺跡出土品や伝世資料が増大するのは、染付荒磯文碗・鉢（31ページ、図9）で代表される一六五〇年代後半以降の肥前磁器である。中国・清朝は、一六五六年に、海上に逃れながら抵抗を続ける鄭《てい》氏らの明朝遺臣たちに対する経済封鎖を目的として海禁令を発布して貿易を禁じた。それによって中国の生産地が疲弊するばかりか貿易も禁止されていよいよ中国磁器の輸出は限られたものとなったことが想像できる。

その点は東南アジアでの遺跡出土資料からもうかがえ、ベトナム・ホイアンのディン・カムフォー地点で、下層では中国磁器ばかりであったものが、上層になると下層同様の古い中国磁器の混入はみられるにしても新しい中国磁器はほとんどなく、肥前磁器が出土磁器の中心となっている。こうして東南アジア向けの中国磁器を見本として写した肥前磁器が多く東南アジア地域でみられることになる。

しかし、この種の東南アジア向けと考えられる肥前磁器は一六八〇年代には消えていく。一六八四年、台湾の鄭氏を降伏させ国内統一を果たした清朝が展海令を発布して貿易禁止を解いたため、中国磁器の輸出がふたたび本格化したからであろう。東南アジア市場は中国磁器によって奪回され、肥前磁器の東南アジア向け輸出はほとんど終わる。

残るはオランダ東インド会社がヨーロッパ向けに輸出する磁器となる。オランダ東インド会社はバタビア（現ジャカルタ）に東洋貿易の根拠地があったために、インドネシアでは一八世紀に入っても肥前磁器が少なからずみられるのが、他のベトナム、カンボジア、タイ、マレーシアなどインドシナ半島では、一八世紀の肥前磁器は基本的にみられない。こうして東南アジアで肥前磁器が流通したのは、主に一六五〇年代から一六八〇年代にかけてであった。

インドネシア輸出品に多い大皿

この一七世紀後半に輸出された肥前陶磁器の種類には、地域差がみられる。インドネシアでは大皿が多く、染付、青磁、色絵、陶器などさまざまな大皿が含まれている。特色あるものの第一は、色絵では初期色絵の大皿で、従来「古九谷」と呼び産地を石川県と誤って考えられてきたものがバンテン王宮遺跡で出土した。すでに伝世品がジャカルタ国立博物館に二点所蔵されていたが、伝世品の場合、後世に移動することもあるので確実に一六五〇年代頃に輸出された証拠とはいえなかった。ところが遺跡出土品で数点の破片、おそらく二個体以上が発見されたために、一六五〇年代頃に初期色絵大皿がインドネシアに輸出されたことが明らかになったのである。「古九谷様式」とも呼ばれる初期色絵は現在、前期、中期、後期の三時期に時期区分されるが、そのうちの中期タイプの大皿だけがインドネシアで出土し、かつ伝世している。また、有田産でなく、佐賀県嬉野町の吉田窯で作られた色絵大皿が、海外ではインドネシアだけで出土している。意匠も印判手仙境図という中国漳州窯で明末に作られた大皿を模倣したものである。主に景徳鎮磁器をめざした有田磁器にはこの意匠はみられない。有田磁器に比べて素地の質が悪く、粗放な色絵大皿である。吉田窯製品は国内向けより、東南アジア向けと思われるものが多く、東南アジア輸出が盛んになる中で一六五〇年代に開窯したと考えられる。

青磁も、海外ではインドネシアで多く出土し、伝世品もみられる。日本国内向けでは香炉や碗などさまざまな器種のものが作られたが、インドネシア出土品はいずれも大皿であり、わずかにクンディがある。

インドネシア以外ではトルコのトプカプ宮殿などに青磁大皿の伝世品があり、オランダでも現在見ることができる。オランダのものはインドネシアに伝世したものが後世に運ばれた可能性がある。トルコでトプカプ宮殿など二例を見るのは、トルコとインドネシアとの食文化の共通性にもとづくためと考えられる。トプカプ宮殿所蔵の中国陶磁器も、元代以来大皿が多く、イスラムの食文化などから大皿需要が多かったのであろう。

陶器の東南アジア輸出

もう一つ大皿の輸出で特徴的なことは、唐津焼、すなわち肥前の陶器が出土することである。

一七世紀後半の肥前の陶器もさまざまな器種が作られ、日本国内の遺跡では多量かつ普遍的に出土する。ところが、この時期、海外輸出されたと推測されるのは東南アジアに限られ、しかも大皿にほぼ限られる。装飾的には白化粧土による刷毛目を施し透明釉を掛けた「刷毛目」と、その刷毛目の上に鉄の褐色と銅の緑色釉を流し掛けした「二彩手」が主である。

タイ、インドネシアなどの例は、井垣春雄《いがきはるお》や一三代中里太郎右衛門《なかざとたろうえもん》らによって早くに紹介されていたが、編年が確立されていなかったため、こうした唐津焼は朱印船貿易時代（一六〇四～三五年頃）に日本人が進出したこととのかかわりで説明されたきらいがある。インドネシアのバンテン王宮遺跡出土品などでもみられ、相当量の二彩手大皿が肥前磁器とともにインドネシア、タイなどに輸出された。年代がわかった結果、これらの大皿は一七世紀後半頃のものであり、朱印船貿易時代とは明らかに異なり、中国陶磁器輸出が激減した一六四四～八四年の間、とくに一六五〇～七〇年代に主に輸出されたと考えられるのである。肥前磁器の東南アジア向け輸出の盛期と同様である。

合子、クンディなど

このほか合子《ごうす》、クンディなどが多いのも特色である。合子はインドネシアではビンロウ樹を噛むのに用いる石灰を入れる器として使うという。日本では香合としての需要があり、一七世紀前半にすでに作られていたが、東南アジアの需要が加わったことで、一七世紀後半には大小さまざまな合子が江戸時代を通じてもっとも多く作られた。そのため東南アジア市場がふたたび中国磁器によって奪回される一六八四年以降、肥前窯での合子生産はほとんどおこなわれなくなる。

クンディはその形状から乳首瓶とも呼ばれ、インドネシアでは早くから水を入れて飲む瓶として土器があり、それを中国の陶磁器窯に作らせ、さらに肥前磁器に作らせたものである（図32）。

ほかにインドネシアでは独特の口作りの薬瓶と考えられる白磁や染付の瓶、そしてアルバレロ形と呼ぶ膏薬《こうやく》壺が少なからず出土している。白磁の薬瓶はヨーロッパでのガラス製薬瓶が手本であり、アルバレロ形膏薬壺はオランダのデルフト陶器壺が手本として注文され、肥前磁器が一七世紀後半中心に作った。

これは、オランダ東インド会社の根拠地であったインドネシアのバタビアや台湾商館などに病院や薬局が置かれたために、オランダ東インド会社が栄えた時期には需要の多さに対して、本国からのガラス瓶やデルフト陶器壺の供給だけでは間に合わず、地理的に近い肥前に補完品を作らせたものと考えられる。もちろん長崎和蘭商館跡でも多数出土している。

図32 ● 染付楼閣山水文水注（クンディ）
（山口夫妻コレクション）

代表的製品＝染付荒磯文碗・鉢

こうした特殊な器種に対して、東南アジアに普遍的にみられる代表的製品は染付荒磯文碗・

鉢である。この大振りの碗・鉢は、有田の多くの窯で焼かれただけでなく、長崎県波佐見や佐賀県嬉野町不動山窯、武雄市、佐世保市から熊本県天草にまで拡大している。

これも海禁令による中国磁器輸出激減で東南アジア市場の需要が肥前に集中した結果である。一六八四年以降、東南アジア市場を中国に奪回されると、荒磯文碗・鉢の生産は肥前窯から消え、天草や武雄、嬉野町不動山窯などの磁器窯は廃窯に追い込まれた。

出土範囲は、インドネシアのほか、タイ、マレーシア、カンボジア、ベトナムなどで出土したり採集されている。ベトナムではほかの東南アジア地域と異なる器種傾向がある。中部ベトナムのホイアンなどの出土品は碗と小皿が主である。東南アジアでは少なかったり、出土しない小皿が多いことが特徴である。

こうした碗・皿の組み合わせは日本の主要な器種と同じであり、箸食と関わりがあると考えられる。ベトナムでは箸とさじを使うのに対し、碗・鉢がほとんどのタイでは箸は使わず、さじと手食である。また大皿が多いインドネシアなどイスラム教圏ではおおむね飯とおかずは手で、スープはさじなどで食べるのが普通である。すでに一七〇八年（宝永五）の西川如見《にしかわじょけん》『増補華夷通商考《かいつうしょうこう》』では、朝鮮・琉球・大寃（台湾）・東京（トンキン・ベトナムのハノイ周辺）・交趾（コーチ・ベトナム中部）の五国をあげ、共通の特質の一つとして、中国の影響強く「何も箸を取て食す」をあげている。そのほかの国は「何も箸を用ず手づかみに食す」とすでに指摘している。こうしたそれぞれの地域の食習慣に応じて、出土する肥前磁器の器種などが異なることがわかってきた。

東南アジア考古学と肥前磁器

年代が細かくわかるようになった肥前磁器は、東南アジアの遺跡の年代を知る手がかりとしても役に立っている。

インドネシア・ジャワ島のバンテン王国では、ティルタヤサ大王が一六六〇年代頃からバンテンの東方のティルタヤサに離宮を造営し、一六七八年に離宮に移り、バンテンにいた息子ハジ王との間に内紛が生じ、一六八二年の内戦でオランダの介入により敗れ、一六八三年大王は捕らわれたという。

この短い期間の離宮であったことを裏付けるように、出土した肥前磁器は一六六〇～八〇年代のものばかりであった。中国磁器は明末のものが少量出土しているが、これはバンテンから離宮に移るときに古い陶磁器を運んだと考えられる。逆に康熙年間（一六六二～一七二二）とみられる景徳鎮磁器がかなり出土しているが、これは離宮の存続年代の後半に輸入された可能性が高い。つまり一六七八年に大王が入った頃から一六八三年の間ではあるまいか。中国磁器は詳細な編年ができていないため一六八三年を裏付けるのは難しいが、肥前磁器にはこの頃とみられる皿が少なくないのである。肥前磁器には明らかに一六八三年以降といえるものはなく、離宮存続期間について記録・伝承を裏付けている。

もう一つの例はスラウェシのウジュンパンダン郊外にあるゴア王国の居城ソンバ・オプー城跡出土の肥前磁器がある。ゴア王国は一五四五年に成立し、一六世紀後半以降、香辛料貿易に重要な役割を果たす。ゴア王国はタロ王国と連合してマカッサル王国となり、一七世紀に入ると隆盛になる。一六〇九年にはオランダ東インド会社がマカッサルに商館を開設し、モルッカ（マルク）諸島の香辛料貿易を独占しようとすると、マカッサル王国との間で抗争が生じる。一六六〇年以降、オランダとの争いが本格化し、一六六九年、ついにマカッサル王国はオランダによって滅ぼされた。

これを裏付けるように、多量の一五世紀後半から一七世紀前半の中国陶磁器とともに、一六五〇～六〇年代の肥前磁器、染付荒磯文碗などがみられる。マカッサル王国が一六六九年オランダに滅ぼされたことを裏付けており、その後の肥前磁器はほとんど出土していない。つまり、ティルタヤサ離宮にみられるような一六七〇～八〇年代と推測できる肥前磁器はソンバ・オプー城では出土していないのである。廃城年代の差を肥前磁器が裏付けている。

2　中近東、ヨーロッパへの輸出

オスマン帝国トプカプ宮殿所蔵品

当時、オランダ東インド会社はバタビアで荷を積み替え、さらに西へ運んだ。会社の記録によると、肥前磁器は一六五九年からインドやペルシア、アラビア地域にも輸出されている。一六五九年（万治二）に、アラビアのモカ商館向けに二万一五六七個の碗などがあがっている。本格的輸出の最初の記録である。

アラビアのモカは紅海の入口に位置し、現在のイエメン領内になるが、当時はオスマン帝国の勢力下にあり、オランダ東インド会社はこの地でトルコ商人との交易をおこなった。

オスマン帝国は一六世紀に最盛期を迎え、西はハンガリー、アルジェリアから東はイラク、イエメンにおよぶ大帝国を築いていた。一七世紀に入ると弱体していくが、なお大帝国であり、首都イスタンブールは繁栄した。トプカプ宮殿には多くの中国磁器とともに、一七世紀後半から一八世紀前半頃の肥前磁器が少なからず所蔵されている。

これらのうち、一七世紀後半のものにはヨーロッパでみられないようなトルコ独特のものが含まれているのに対し、一八世紀前半頃のものはヨーロッパでみられるものと共通している。このことは、オスマン帝国が一六八三年の第二次

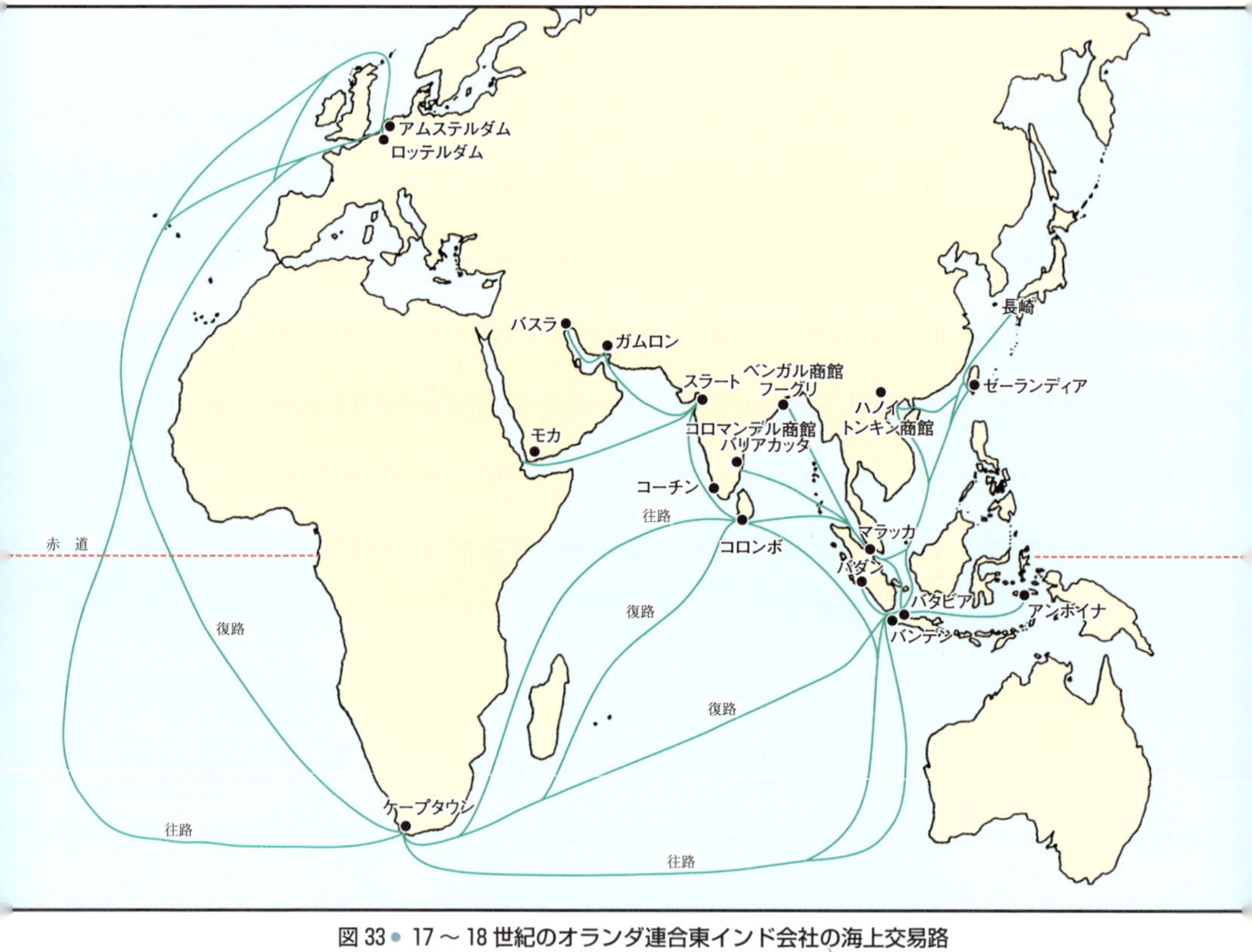

図 33● 17 ～ 18 世紀のオランダ連合東インド会社の海上交易路
オランダ東インド会社はインドネシアのバタビア（現ジャカルタ）を東洋貿易の拠点とし、長崎出島商館をはじめ、インドシナ半島、インド、ペルシア、アラビア地域に商館を設置して貿易をおこなった。

ウィーン（オーストリア）包囲に失敗し、著しく勢力を失い、以降、ヨーロッパ諸国との友好政策に転じることになったことと関係している。トプカプ宮殿に伝世する一八世紀前半の肥前磁器は、オランダ本国経由で運ばれた可能性が高いのである。

トプカプ宮殿所蔵の一七世紀後半の肥前磁器には、ほかでみられないものがある。手付きの水注と洗った水を受ける壺のセットである。手を洗い清めるのに使うもので、トルコでは金属製のものが一般的である。トプカプ宮殿所蔵品に中国製は多く、いずれも一七世紀末〜一八世紀初頭のものである。

一方、肥前磁器の例は染付壺のみが残っており、一六六〇〜八〇年代のものである。類似の壺は有田の生産地や長崎でも出土している。この手洗いセットはトルコからの注文で有田が先に作り、後に中国景徳鎮が磁器輸出を再開した際に受注して作ったものと推測される。

ケープタウン出土の肥前磁器

アラビアより西は、アフリカの南端、南アフリカのケープタウン経由でオランダ本国に運ばれ、ヨーロッパ地域に販売された。

このことはケープタウン市街で出土した肥前磁器や、ケープタウンのテーブル港に沈んでいる多くの沈没船のうちの一艘オースターランド号の水中考古学調査により、多量の中国磁器とともに少量の肥前磁器が引き揚げられたことなどで裏付けられる。この船は一六九七年に沈没したオランダ船であり、東洋航海の帰途だったという。

ケープタウンは一六五二年にオランダ人が入植し、オランダのアジア貿易中継地として町ができあがる。まさに肥前磁器の海外輸出最盛期に入植、町建設という歴史があった。

そのためケープタウンでは一七世紀前半にのぼるような古い陶磁器はみられず、一七世紀末以降の肥前や中国磁器が主に出土したり、伝世している。

ケープタウンで特徴的な肥前磁器としては、染付VOC章入り皿がある（図34）。グッド・ホープ・キャッスルという城塞のほか、前述のオースターランド号引き揚げ品にもみられた。VOCはオランダ東インド会社の社章であり、磁器以外にもコインや大砲、ガラス製品などに入れられた例がある。

VOCの文字を入れた磁器は会社の出先や船などで使うための食器として注文されたものであったという。実際、アムステルダムの発掘調査などでは出土していないのに対し、ケープタウンや長崎出島の和蘭商館跡出土品に多くみられることが裏付けている。

VOC章入り皿はオランダ貿易の象徴的な製品として知られているが、こうした会社の社章入りの製品は一六九〇年代以降多くなるのであり、皮肉にも会社のマークを入れさせた時代は、オランダ東インド会社の斜陽化が進んだ時代であった。

図34 ◆ VOC章入り皿
磁器にこの略章を入れさせたものは有田磁器が最初であり、1670年代頃と考えられる角瓶である。以後、食器の皿に入れたものを有田に注文し、1690年代から本例のような芙蓉手皿の見込に入れたものが多く作られた。

ヨーロッパの国別分布

オランダ本国に運ばれた肥前磁器はヨーロッパ諸国に販売された。

考古学的な出土資料としてはオランダでかなり発見されているほかは聞かない。しかし、伝世品はヨーロッパ各地に分布しており、一七世紀後半から一八世紀にかけて多く輸出されたことを物語っている。伝世品の場合、後世にも贈答や売買で動いた可能性が高いが、それでもヨーロッパの国々で肥前磁器が所在する量には差がある。

ヨーロッパの国別にどのような分布の違いがあるかについて、現代の出版物などで紹介されたヨーロッパで所蔵される肥前磁器をまとめたものが図35である。厳密にいえば、現在ある位置は、当時輸出された後に、移動したものもあろうから、必ずしも原位置とみることはできないが、おおむねの傾向は読みとれると思う。

図は肥前磁器の年代を一七世紀後半、一八世紀前半に二分してまとめた。一七世紀末に一つの画期を設定し時期区分できるのは、一六八四年以降、中国磁器の輸出が本格的に再開されたこと、オランダの公式貿易での肥前磁器の扱いが一六七九年で実質的に終わるこ

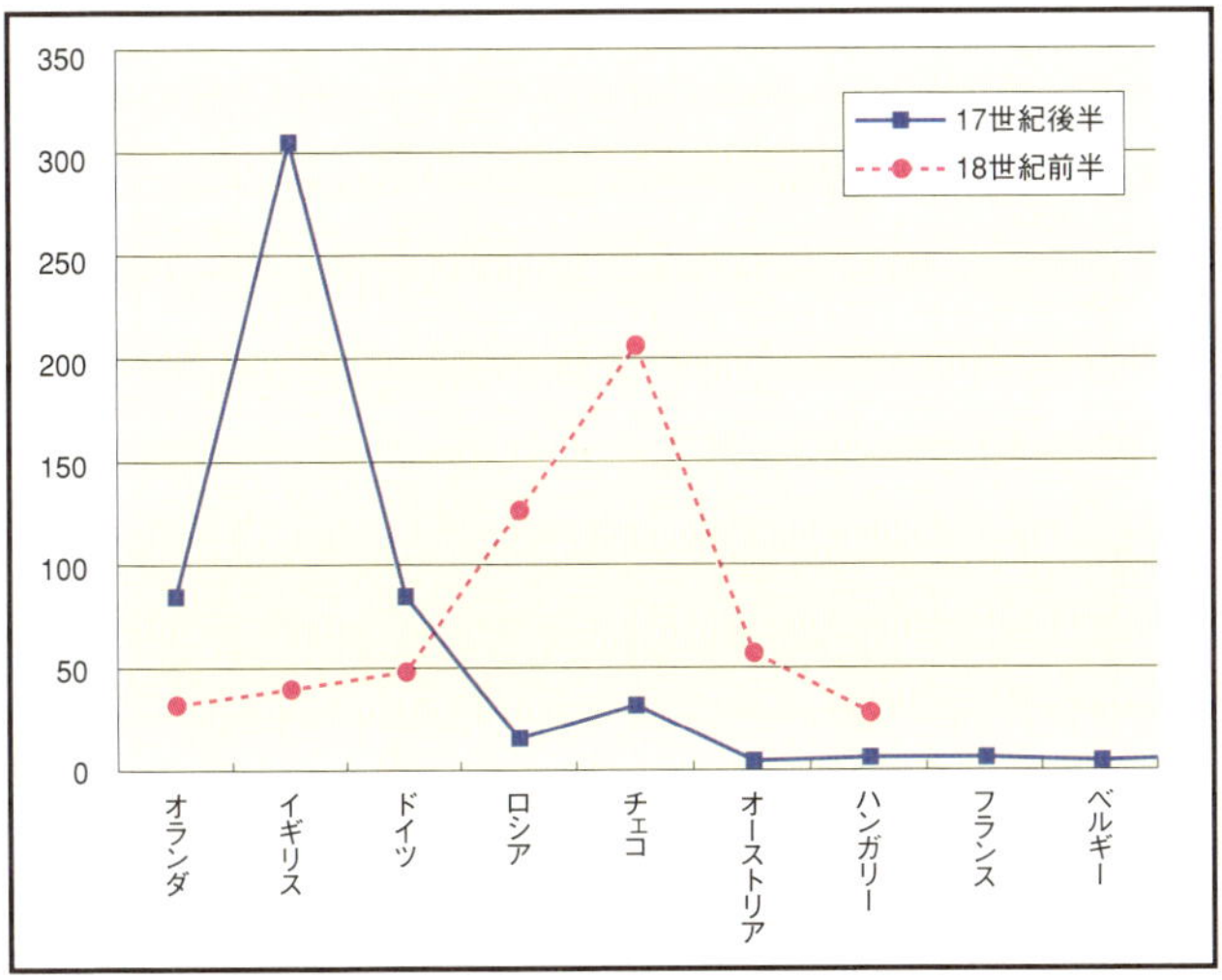

図35 ● ヨーロッパ所在の肥前磁器の国別・時期別数量
ヨーロッパに現存する肥前磁器のうち、出版物に掲載されたものを2時期に分け、国別にまとめたもの。17世紀末を境にオランダとの政治・経済関係などから、流通した地域に変化があったことがわかる。

と、肥前色絵磁器の柿右衛門様式から金襴手様式への著しい変化が一六九〇年代に進んだことによる。

一七世紀後半でみると、イギリス、オランダ、ドイツに多く、一八世紀前半になるとチェコ、ロシア、オーストリア、ドイツなどに多くなる。一八世紀前半のドイツは、ドレスデンコレクションで知られるように現代出版物に掲載されている数量よりはるかに多く、オランダからドイツ、チェコ、オーストリア、ハンガリー、トルコ方向の流通と、ドイツからロシアへの方向の流通を示す分布である。

オランダを取り巻く政治情勢と肥前磁器の流れ

こうしたヨーロッパにおけるオランダからの流通は当時のヨーロッパにおけるオランダを取り巻く政治情勢が深くかかわっていたと考えられる。

オランダはスペインからの独立を勝ち取るために一六四八年まで戦った。また貿易立国イギリスにとってオランダは当時最大の競争相手で、一六七四年まで二度にわたって戦争があった。一六七七年、オランダのウィリアム三世はイギリスの王女メアリと結婚し、名誉革命の結果、ウィリアム三世（在位一六八九〜一七〇二）とメアリ二世がイギリス国王として共同即位した。以後ウィリアム三世は反フランス勢力のリーダーとして活躍した。

このようにオランダは一六六〇〜七〇年代にはイギリスと貿易活動で激しい競争をしたが、一六八九〜一七〇二年にはオランダの元首がイギリス国王を兼ねるなど、イギリスとの交易活動は比較的活発であったと推測される。

イギリスで一八世紀前半になると肥前磁器が減るのは、一六八〇年代から広東で中国との交易を本格化し、中国磁器の輸出再開もあって、中国磁器を輸入したためと思われる。

一方、直接海外貿易できない内陸諸国にオランダからの流通の比重が増えたのである。ドイツは宗教的にオランダ、イギリス同様の新教でもあり、独自に海外貿易活動をしなかったことから、オランダは海外物資を得る重要なルートであったに違いない。ハンガリーなどの東欧は、一七世紀末までイスラム教のオスマン帝国の支配下にあったり、脅威にさらされていたが、オスマン帝国が一六八三年ウィーン包囲に失敗し、以後キリスト教国との友好政策に転じた結果、この地域にもドイツ経由で肥前磁器が入ったものと思われる。ロシアも西欧に学んだ改革を断行したピョートル大帝（在位一六八九〜一七二五年）時代の肥前磁器がみられる。

一方、フランスはスペイン継承戦争（一七〇一〜一四年）までオランダと敵対関係にあったため、肥前磁器の大きなコレクションはみられない。スペインなども少ない地域といえる。

ヨーロッパの生活文化と輸出された器種

こうしてヨーロッパに流通した肥前磁器は、当時のヨーロッパの生活文化を裏付けるものが多い。一七世紀後半から一八世紀前半の肥前磁器輸出時代は、ヨーロッパでは食事作法や食卓の内容が急速に変化し、豊かになっていった時代でもある。一七〜一八世紀頃のヨーロッパの食事は、主に口径二〇〜二五センチの浅い皿と深い皿、そしてナイフ、フォーク、スプーンが使われた。大きい碗類はほとんど使わず、皿類が多かったのである。

コーヒー、ティー用の小碗も輸出初期からみられる（図36）。コーヒー、ティーの飲用は、ちょうど一六五二年にコーヒー店がロンドンにあらわれ、急速にヨーロッパ各地に広まった飲食文化であった。コーヒー・ココア・紅茶などの非アルコール飲料がヨーロッパで流行する前、人びとはビールなどのアルコール飲料を日常的に大量消費していたという。それがピューリタン（清教徒）革命（一六四九年）のイギリスで嫌われ、アルコールに代わる飲料として急速に受け入れられたのだという。

コーヒーの飲用はアラビアでは早くおこなわれており、一五世紀後半〜一六世紀にオスマン帝国の勢力下でイスラム世界に広がった。そのためかオスマン帝国のトプカプ宮殿のコレクションにも、一六世紀後半以降、コーヒー用とみられる中国景徳鎮磁器の小碗が多くなる。この景徳鎮の染付小碗の代わりが求められた結果、肥前も一六五〇年代末から小碗の輸出を盛んにおこなったのである。一六五九年の本格的西方への輸出にモカ商館向けのコーヒー碗が八九一〇個あったが、これは紅海まで勢力下におさめていたオスマン帝国のトルコ商人に主に売りさばかれたと考えられる。

ちなみにコーヒー碗に同意匠の受け皿（ソーサー）がつくようになるのは、有田磁器の受け

図36 ● **コーヒー用カップ＆ソーサー**（柴田夫妻コレクション）
ヨーロッパにおけるコーヒーの流行は肥前磁器のヨーロッパ輸出の時期に重なるため、肥前窯では、輸出用にコーヒー碗が作られた。当初は碗だけであったが、1670〜80年代頃から同意匠の受け皿付きの碗が注文で作られはじめた。

皿付きの例の年代やヨーロッパの絵画資料などから、今のところ一六七〇～八〇年代にはじまると考えられる。コーヒー嗜好が早かったアラブ人は同意匠の受け皿は使わなかったとみられるが、一八世紀に入ると逆にヨーロッパからの影響を受け、そのためにトプカプ宮殿所蔵の一八世紀の中国磁器などに受け皿付きカップがみられる。

イギリスでは一七世紀後半のコーヒー流行から、一八世紀に入ると紅茶が主流となっていく。こうした新しい飲み物などの流行で、その器としての磁器の需要が生まれた。

オランダの遺跡出土品でもっとも多いのもこうしたコーヒーやティー用のカップ&ソーサーであった。ところが、宮殿・邸宅を飾る大きな壺・瓶や大皿などが目立ったため、ヨーロッパに輸出された肥前磁器の量的主製品がこうしたカップ&ソーサーであったことが、従来、認識されていなかったといえる。

コーヒーポットと酒器

コーヒー流行によってあらわれたもう一つの器種は、コーヒーポットである（図37）。肥前磁器より早くヨーロッパに輸出していた中国の明末磁器にはコーヒーポットと考えられる器形はみえない。どうやら肥前磁器のコーヒーポットは中国磁器より早かったと考えられる。しかし、輸出初期の例は文献史料にもなく、伝世例でもっとも早いとみられるのはドイツ・ドレスデン宮殿所蔵の染付の例（一六八〇～一七〇〇年代）などである。

器形は裾広がりの筒形である。この器形はイギリス式といい、原形は主に金属器であった。

肥前のコーヒーポットは当初足がなかったが、一六九〇年代頃から三足がつくようになり、量的にも多くなる。景徳鎮窯も一八世紀になると盛んにコーヒーポットを輸出するようになる。

ヨーロッパの生活文化の変化を肥前磁器が裏付ける例をもう一つあげるならば、それは酒器である。記録上も早くから「葡萄酒ジョッキ」や「ビールジョッキ」が輸出されたことが知られる。それがどのような器形のものかは、オランダの当時の絵画などから知ることができる。ワインの場合、樽などから塩釉炻器やデルフト陶器の手付水注に小分けし、その水注からグラスに注いで飲む様子が描かれている。このデルフト陶器の手付水注の器形を注文されて、肥前窯で独特の器形の手付水注（図38）が作られたのである。

しかし、この器形の水注は一六七〇年代まで消える。それは、ワイン容器に柔軟で強靱な

図 38 • **酒器（ワインジャグ）**
（柴田夫妻コレクション）

図 37 • **コーヒーポット**（USUI COLLECTION）
下部に小孔が開けられ、ヨーロッパに運ばれてから金属の蛇口が取り付けられた。

コルクで密栓をして品質保持する方法が一七世紀末にはじまったためと考えられる。コルク栓のガラス瓶によって市販も可能となり、瓶詰め後の熟成などワインの質が高まっていくことなどからであり、その結果磁器の容器は消えたのであろう。

そのほかに髭皿、トイレポットなど、一七世紀後半から一八世紀のヨーロッパの生活文化にもとづく器種があった。

輸出時代の終焉

肥前磁器の公式輸出は一七五〇年代で終わる。つまり、一六五九年から一七五〇年代の約一〇〇年間が「輸出時代」ともいえる時代であった。この時期に肥前窯は国内以外に、海外、東南アジア諸国、中近東、ヨーロッパなど各地域の生活文化にもとづく需要に応じてさまざまな陶磁器を作り輸出したのである。肥前陶磁の細かい年代がわかってみると、記録や絵画などで知る生活文化との関連が明らかになり、逆にそれらでは具体的にわからなかったり不十分なところを知ることが可能になったのである。

博物館紹介

佐賀県立九州陶磁文化館

第5展示室（柴田夫妻コレクション）

- 佐賀県西松浦郡有田町中部乙 3100 － 1
- 0955（43）3681
- 9：00 ～ 17：00
- 休館日　毎週月曜日（祝日の場合は翌日）、年末年始
- 入館料　常設展示は無料
- ＪＲ佐世保線有田駅より徒歩 10 分
- 肥前をはじめ九州各地の陶磁器に関して重要な資料を収集・保存・展示し、あわせて調査研究や教育普及の活動をおこなっている。なかでも１万点にもおよぶ江戸時代の肥前磁器を集めた柴田夫妻コレクションや輸出伊万里 101 点を一堂に展示した蒲原コレクションは圧巻。
このほか有田町内には、かつての泉山磁石場や、隣接して陶磁器生産用具や登窯の 10 分の１模型がある有田町歴史民俗資料館など、見所がたくさんある。

刊行にあたって

「遺跡には感動がある」。これが本企画のキーワードです。

あらためていうまでもなく、専門の研究者にとっては遺跡の発掘こそ考古学の基礎をなす基本的な手段です。また、はじめて考古学を学ぶ若い学生や一般の人びとにとって「遺跡は教室」です。

日本考古学では、もうかなり長期間にわたって、発掘・発見ブームが続いています。そして、毎年厖大な数の発掘調査報告書が、主として開発のための事前発掘を担当する埋蔵文化財行政機関や地方自治体などによって刊行されています。そこには専門研究者でさえ完全には把握できないほどの情報や記録が満ちあふれています。しかし、その遺跡の発掘によってどんな学問的成果が得られたのか、その遺跡やそこから出た文化財が古い時代の歴史を知るためにいかなる意義をもつのかなどといった点を、莫大な記述・記録の中から読みとることははなはだ困難です。ましてや、考古学に関心をもつ一般の社会人にとっては、刊行部数が少なく、数があっても高価なその報告書を手にすることすら、ほとんど困難といってよい状況です。

いま日本考古学は過多ともいえる資料と情報量の中で、考古学とはどんな学問か、また遺跡の発掘から何を求め、何を明らかにすべきかといった「哲学」と「指針」が必要な時期にいたっていると認識します。

本企画は「遺跡には感動がある」をキーワードとして、発掘の原点から考古学の本質を問い続ける試みとして、日本考古学が存続する限り、永く継続すべき企画と決意しています。いまや、考古学にすべての人びとの感動を引きつけることが、日本考古学の存立基盤を固めるために、欠かせない努力目標の一つです。必ずや研究者のみならず、多くの市民の共感をいただけるものと信じて疑いません。

監　修　戸沢　充則

編集委員　石川日出志　小野　正敏

勅使河原彰　佐々木憲一

著者紹介

大橋康二（おおはし　こうじ）

1948年生まれ。青山学院大学院文学研究科史学専攻博士課程中退。佐賀県教育庁文化財課参事を経て、現在、佐賀県立九州陶磁文化館副館長。東洋陶磁学会常任委員。
主な著書　『日本のやきもの　有田伊万里』（文、淡交社、2002年）、『日本のやきもの　唐津』（文、淡交社、2003年）、『アジアの海と伊万里』（共著、新人物往来社、1994年）、『古伊万里の文様』（理工学社、1994年）『考古学ライブラリー55　肥前陶磁』（ニュー・サイエンス社、1989年）ほか。

写真所蔵先リスト

佐賀県立九州陶磁文化館　口絵①②③④⑤、図3（右下）、4、5（右下）、24、26、29（右）、30、31
同上柴田夫妻コレクション　口絵⑥⑦⑧⑨⑩⑪⑫⑬⑭⑮⑯、図3（左上、右上、左下）、36、38
同上山口夫妻コレクション　図32
同上小橋一朗氏贈　図9
有田町教育委員会　図5（左中、左下、右上、右中）、10、11、16、17、18、19、25、27、34
西有田町教育委員会　図13、22
伊万里市教育委員会　図29（左）
波佐見町教育委員会　図5（左上）
佐賀県立名護屋城博物館　図14
USUI COLLECTION　図37

シリーズ「遺跡を学ぶ」005
世界をリードした磁器窯・肥前窯（ひぜんよう）

2004年 4月15日　第1版第1刷発行

著　者＝大橋康二
発行者＝株式会社 新 泉 社
東京都文京区本郷2-5-12
振替・00170-4-160936番　TEL03（3815）1662／FAX03（3815）1422
印刷／太平印刷社　製本／榎本製本

ISBN4-7877-0435-4　C1021

シリーズ「遺跡を学ぶ」

米村　衛 著

001 北辺の海の民・モヨロ貝塚

オホーツク沿岸の５世紀、北の大陸からやって来たオホーツク文化人が独自の文化を花開かせていた。その後、９世紀にこつ然と消えたこの北辺の海の民の暮らしと文化を、その中心的遺跡「モヨロ貝塚」から明らかにし、古代のオホーツク海をめぐる文化交流を描く。

ISBN4-7877-0431-1

A５判／96頁／定価1500円

木戸雅寿 著

002 天下布武の城・安土城

織田信長が建てた特異な城として、いくたの小説や映画・ＴＶドラマで描かれてきた安土城。近年の考古学的発掘調査により、通説には多くの誤りがあることがわかった。安土城の真実の姿を考古学的調査から具体的に明らかにし、安土城築城の歴史的意義をさぐる。

ISBN4-7877-0432-X

A５判／96頁／定価1500円

若狭　徹 著

003 古墳時代の地域社会復元・三ツ寺Ｉ遺跡

群馬県南西部には、イタリア・ポンペイのように、榛名山噴火の火山灰の下に５世紀の景観と生活の跡がそのまま残されていた。首長の館跡を中心に、古墳・水田経営の跡・農民の住居跡の発掘調査や渡来人の遺物などから５世紀の地域社会の全体像を復元する。

ISBN4-7877-0433-8

A５判／96頁／定価1500円

勅使河原彰 著

004 原始集落を掘る・尖石遺跡

自由奔放で勇壮な精神あふれる土器群を残した八ヶ岳西南麓の縄文人たち。彼らの生活を知りたいと、竪穴住居址の完掘、縄文集落の解明、そして遺跡の保存へと、生涯を賭けた地元の研究者・宮坂英弌の軌跡をたどり、縄文集落研究の原点とその重要性を熱く語る。

ISBN4-7877-0434-6

A５判／96頁／定価1500円

戸沢充則 著

考古地域史論
――地域の遺跡・遺物から歴史を描く

狩猟とともに落葉広葉樹林が与える植物性食物の積極的な利用によって八ヶ岳山麓に栄えた「井戸尻文化」、海の幸を媒介として広大な関東南部の土地を開拓した人びとによって生みだされた「貝塚文化」等の叙述をとおして、今後の考古学の可能性を追究する。

ISBN4-7877-0315-3

四六判上製／288頁／定価2500円

〈表示価格は税別〉